cómo
ser
cristiano

OTROS TÍTULOS DE C. S. LEWIS

cómo

ser

cristiano

C. S. Lewis

GRUPO NELSON
Desde 1798

© 2022 por Grupo Nelson
Publicado en Nashville, Tennessee, Estados Unidos de América.
Grupo Nelson es una marca registrada de Thomas Nelson.
www.gruponelson.com

Título en inglés: *How to Be a Christian*
© 2018 por C. S. Lewis Pte. Ltd.
Publicado por Harper One, una división de HarperCollins Publishers,
195 Broadway, New York, NY 10007.

Información detallada de derechos adicional en la página 205.

Editora en Jefe: *Graciela Lelli*
Traducción y compilación: *Juan Carlos Martín Cobano*
Adaptación del diseño al español: *Setelee*
Diseño: *Yvonne Chan*

ISBN: 978-1-40023-338-0
eBook: 978-1-40023-340-3

Impreso en Estados Unidos de América

22 23 24 25 26 LSC 9 8 7 6 5 4 3 2 1

CONTENIDO

Contenido

Contenido

PREFACIO

LOS CRISTIANOS PASAN mucho tiempo hablando de creencias y doctrinas; tanto que uno podría pensar que el dominio de la fe consiste en comprender un conjunto de ideas. Pero no es así. La verdadera sustancia de la fe está en el mundo de la acción. La fe cristiana se hace real cuando se vive. Por ejemplo, ser cristiano implica aprender a pensárselo antes de juzgar a los demás y a revisar primero la viga en nuestro propio ojo; a dejar de centrarnos únicamente en nuestros miedos y preocupaciones para ver cómo podemos tratar a los demás como desearíamos ser tratados; a refrenar nuestro afán por el día mañana y a sofocar nuestra ira antes de que se convierta en pecado; a perdonar a los demás cuando nos sentimos agraviados.

Sí, las doctrinas tienen suma importancia. Los cristianos tenemos que lidiar con las creencias antes de entender que estamos facultados por Jesús para vivir de una nueva manera. Pero entender estas ideas es una puerta que requiere comenzar a caminar para que las ideas tengan algún significado. Incluso el apóstol Pablo, el abuelo de la mayor parte de la teología cristiana, nos recuerda que la fe, aunque sea perfecta, si no tiene amor acaba siendo un mero címbalo que retiñe. Y el amor solo puede expresarse con acciones.

Digo todo esto porque (1) esto es lo que aprendí de C. S. Lewis y (2), irónicamente, Lewis es más conocido por ser el principal defensor de las ideas cristianas en el siglo XX. Dicho de otro modo, dado el éxito de sus obras apologéticas, cabría suponer que Lewis podría ser una de las principales causas del pensamiento de que el cristianismo es en esencia un cuerpo de ideas, pero eso sería pasar por alto la naturaleza de sus ideas.

Cuando hablo con académicos y teólogos, casi todos confiesan que Lewis desempeñó un papel importante en su camino hacia su vocación. Sin embargo, a pesar de su popularidad, cuando hablamos de a quiénes estudian los eruditos, escuchamos los nombres de Barth, Hauerwas, Bonhoeffer, Wright, Pagels, Armstrong, Ehrman y otros, pero rara vez el de Lewis. Asisto a las convenciones anuales conjuntas de la American Academy of Religion y la Society of Biblical Literature, en las que veinte mil estudiosos de la religión acuden a la metrópoli de ese año y celebran sesiones sobre todos los temas profundos que se puedan imaginar (y muchos que yo no podría imaginar), y me sorprende lo poco que aparece el nombre «C. S. Lewis» en el programa. ¿Por qué?

Creo que es porque Lewis nunca presentó sus ideas como un heroico nuevo paradigma, sino solo como un resumen del «mero» cristianismo, lo que la mayoría de los cristianos siempre han creído. Y la sabiduría de Lewis no funciona mejor como una «gran teoría», sino como lo que yo llamaría «sabiduría sobre la marcha». En otras palabras, lo que enseña solo parece tener sentido y ser «útil» al caminar por la senda de la vida cristiana.

Todavía recuerdo cómo se me encendió la bombilla al leer el libro 4 de *Mero cristianismo*, en el que Lewis explica que al convertirnos en cristianos nos hemos inscrito en la tarea de que Dios nos haga perfectos, y todo lo que no sea este proceso, a veces doloroso, sería admitir que Dios está dispuesto a renunciar a nosotros, que no nos ama plenamente. Bueno, eso le dio a mi joven mente una estructura totalmente nueva, recordándome que «convertirse en cristiano» era un camino, no un evento único, y que los más cercanos a mí y, por lo tanto, los más afectados por mis imperfecciones, serían el aula principal que Dios utiliza en esta operación de limpieza.

Otro momento iluminador fue la lectura de la magistral meditación de Escrutopo sobre la gula. Siempre había pensado en la gula como un alma voraz y obesa que devora todo lo que encuentra a su paso; aunque, claro, no a mí. Pero en *Cartas del diablo a su sobrino* Lewis pone como modelo de la gula a la madre del sujeto humano y su obsesión lujuriosa por querer «una rebanada de pan adecuadamente tostada». Tal vez yo no estaba tan exento de gula como había pensado. Es en estos momentos, cuando se trata de la esencia de lo que significa vivir la fe cristiana, en los que las ideas de Lewis parecen tan profundas, ricas y útiles.

El mejor ejemplo de lo que quiero decir viene en el capítulo 12 de *El gran divorcio*, donde el protagonista es testigo del espectáculo de un desfile celestial con fulgurantes ángeles, santos y animales que fluyen y danzan alrededor de una mujer luminosa que era tan bella que resultaba casi insoportable contemplarla. Al principio, el observador piensa que debe de ser Eva o María, la madre de Jesús. Pero le dicen que no, que es Sarah Smith, un ama de casa de los suburbios de Londres. En el cielo, sin embargo, se la considera una de las «grandes». ¿Cómo ha conseguido esta posición? Porque en su vida ordinaria se convirtió en madre de cada joven, mujer, niño, niña, perro o gato que encontró, amándolos a todos de una manera que los hizo más amables y más deseosos de amar a los demás.

Este capítulo no solo rehízo mis cálculos de lo que significa ser «grande» como cristiano, sino que también nos ayuda a entender los escritos de Lewis en su conjunto. Lewis pretendía ayudar, animar e iluminar a sus lectores acerca de la fe cristiana, sobre todo en los aspectos que otros consideran anticuados o fuera de sintonía con nuestros tiempos modernos. En tales empeños resultó magistral y tuvo más éxito del que jamás imaginó. Y parte de la razón de su éxito fue que, en lugar de desear ser un gran apologista y teólogo, se midió a sí mismo con la regla de cuánto se parecía a Sarah Smith. Y fue debido a este enfoque humilde como, sin saberlo, se convirtió en un gran apologista y teólogo.

En esta colección, hemos reunido selecciones de capítulos, ensayos, cartas y discursos de una amplia gama de libros de Lewis, todos ellos relacionados con la forma en que vivimos nuestras creencias, y no solo con cómo creemos. *Cómo ser cristiano* no habría sido posible sin el trabajo de Zachry Kincaid, que recopiló muchas de estas piezas para nosotros. Esperamos que en este libro no solo encuentres nuevas piezas de Lewis, sino que también descubras nueva sabiduría para el viaje, de esa ayuda que nos ayudará a parecernos un poco más a Sarah Smith.

MICHAEL G. MAUDLIN

Vicepresidente sénior y editor ejecutivo,

HarperOne

SOBRE LLEVAR A CABO
TU SALVACIÓN

LO QUE A Dios le importa no son exactamente nuestras acciones. Lo que le importa es que seamos criaturas de una cierta calidad —la clase de criaturas que Él quiso que fuéramos—, criaturas relacionadas con Él de una cierta manera. No añado «y relacionadas entre ellas de una cierta manera», porque eso ya está incluido: si estáis a bien con Él, inevitablemente estaréis a bien con todas las demás criaturas, del mismo modo que si todos los rayos de una rueda encajan correctamente en el centro y en el aro, estarán inevitablemente en la posición correcta unos con

---

Mero cristianismo, del capítulo titulado «Fe».

respecto de otros. Y mientras un hombre piense en Dios como en un examinador que le ha puesto una especie de examen, o como la parte contraria en una especie de pacto —mientras esté pensando en reclamaciones y contrarreclamaciones entre él y Dios—, aún no está en la relación adecuada con Él. No ha comprendido lo que él es o lo que Dios es. Y no puede entrar en la relación adecuada con Dios hasta que no haya descubierto el hecho de nuestra insolvencia.

Cuando digo «descubierto» realmente quiero decir descubierto: no simplemente repetido como un loro. Naturalmente, todo niño, si recibe una cierta clase de educación religiosa, pronto aprenderá a decir que no tenemos nada que ofrecerle a Dios que no sea ya suyo, y que ni siquiera le ofrecemos eso sin guardarnos algo para nosotros. Pero estoy hablando de descubrir esto realmente: descubrir por experiencia que esto es verdad.

Ahora bien: no podemos, en ese sentido, descubrir nuestro fracaso en guardar la ley de Dios, salvo haciendo todo lo posible por guardarla y después fracasando. A menos que realmente lo intentemos, digamos lo que digamos, en lo más recóndito de nuestra mente siempre estará la idea de que si la próxima vez lo intentamos con mayor empeño conseguiremos ser completamente buenos. Así, en un sentido, el camino de vuelta hacia Dios es un camino de esfuerzo moral, de intentarlo cada vez con más empeño. Pero en otro sentido, no es el esfuerzo lo que nos va a llevar de vuelta a casa. Todo este esfuerzo nos lleva a ese momento vital en el que nos volvemos a Dios y le decimos: «Tú debes hacerlo. Yo no puedo». No empecéis, os lo imploro, a preguntaros: «¿He llegado yo a ese momento?». No os sentéis a contemplar vuestra mente para ver si va haciendo progresos. Eso le desvía mucho a uno. Cuando ocurren las cosas más importantes de nuestra vida, a menudo no sabemos, en ese momento, lo que está sucediendo. Un hombre no se dice a menudo: «¡Vaya! Estoy madurando». Muchas veces es solo cuando mira hacia atrás cuando se da cuenta de lo que ha ocurrido y lo reconoce como lo que la gente llama «madurar». Esto puede verse incluso en las cosas sencillas. Un hombre que empieza a observar ansiosamente si se va a dormir o no es muy probable que permanezca despierto. Del mismo modo, aquello de lo que estoy hablando ahora puede no ocurrirles a todos como un súbito relámpago —como le ocurrió a san Pablo o a Bunyan—: tal vez sea tan gradual que nadie pueda señalar una hora en particular o incluso un año en particular. Y lo que importa es la naturaleza del cambio en sí, no cómo nos encontramos mientras está ocurriendo. Es el cambio de sentirnos confiados en nuestros propios esfuerzos al estado en que desesperamos de hacer nada por nosotros mismos y se lo dejamos a Dios.

Sé que las palabras «dejárselo a Dios» pueden ser mal interpretadas, pero por el momento deben quedar ahí. El sentido en el que un cristiano se lo deja a Dios es que pone toda su confianza en Cristo; confía en que Cristo de alguna manera compartirá con él la perfecta obediencia humana que llevó a cabo desde su nacimiento hasta su crucifixión: que Cristo hará a ese hombre más parecido a Él y que, en cierto sentido, hará buenas sus deficiencias. En el lenguaje cristiano, compartirá su «filiación» con nosotros; nos convertirá, como Él, en hijos de Dios. En el Libro IV intentaré analizar un poco más el significado de estas palabras. Si preferís verlo de este modo, Cristo nos ofrece algo por nada. Incluso nos lo ofrece todo por nada. En cierto modo, toda la vida cristiana consiste en aceptar este asombroso ofrecimiento. Pero la dificultad está en alcanzar el punto en el que reconocemos que todo lo que hemos hecho y podemos hacer es nada. Lo que nos habría gustado es que Dios hubiera tenido en cuenta nuestros puntos a favor y hubiese ignorado nuestros puntos en contra. Una vez más, en cierto modo, puede decirse que ninguna tentación es superada hasta que no dejamos de intentar superarla... hasta que no tiramos la toalla. Pero, claro, no podríamos «dejar de intentarlo» del modo adecuado y por la razón adecuada hasta que no lo hubiéramos intentado con todas nuestras fuerzas. Y, en otro sentido aún, dejarlo todo en manos de

Cristo no significa, naturalmente, que dejemos de intentarlo. Confiar en Él quiere decir, por supuesto, intentar hacer todo lo que Él dice. No tendría sentido decir que confiamos en una persona si no vamos a seguir su consejo. Así, si verdaderamente os habéis puesto en sus manos, de esto debe seguirse que estáis tratando de obedecerle. Pero lo estáis haciendo de una manera nueva, de una manera menos preocupada. No haciendo estas cosas para ser salvados, sino porque Él ya ha empezado a salvaros. No con la esperanza de llegar al Cielo como recompensa de vuestras acciones, sino inevitablemente queriendo comportaros de una cierta manera porque una cierta visión del Cielo ya está dentro de vosotros.

Los cristianos a menudo han discutido sobre si lo que conduce al cristiano de vuelta a casa son las buenas acciones o la fe en Cristo. En realidad yo no tengo derecho a hablar de una cuestión tan difícil, pero a mí me parece algo así como preguntar cuál de las dos cuchillas de una tijera es la más útil. Un serio esfuerzo moral es lo único que os llevará al punto en el que tiréis la toalla. La fe en Cristo es lo único que en ese punto os salvará de la desesperación: y de esa fe en Él deben venir inevitablemente las buenas acciones. Hay dos parodias de la verdad de las que diferentes grupos de cristianos han sido, en el pasado, acusados de creer por otros cristianos: tal vez nos ayuden a ver más claramente la verdad. Uno de los grupos fue acusado de decir: «Las buenas acciones son lo único que importa. La mejor de las buenas acciones es la caridad. La mejor clase de caridad es dar dinero. La mejor cosa a la que dar dinero es la Iglesia. De modo que dadnos 10.000 libras y nosotros os ayudaremos». La respuesta a esta insensatez, por supuesto, sería que las buenas acciones hechas por ese motivo, hechas con la idea de que el Cielo puede comprarse, no serían buenas acciones en absoluto, sino solo especulaciones comerciales. Al otro grupo se le acusó de decir: «La fe es lo único que importa. En consecuencia, si tenéis fe, no importa lo que hagáis. Pecad sin tasa, amigos míos, y pasadlo bien, y Cristo se ocupará de que al final eso no importe». La respuesta a esta insensatez es que, si lo que llamáis vuestra «fe» en Cristo no implica prestar la menor atención a lo que Él dice, entonces no es fe en absoluto... no es fe ni confianza en Él, sino solo aceptación intelectual de alguna teoría acerca de Él.

La Biblia parece dar por zanjado el asunto cuando pone ambas cosas juntas en una misma frase. La primera mitad de esa frase es: «... procurad vuestra salvación con temor y temblor», lo que hace pensar que todo depende de nosotros y de nuestras buenas acciones. Pero la segunda mitad dice: «porque Dios es el que en vosotros opera», lo que hace pensar que Dios lo hace todo y nosotros, nada. Me temo que esa es la clase de cosa con la que nos encontramos en el cristianismo. Estoy intrigado, pero no sorprendido. Porque ahora estamos intentando comprender, y separar en compartimentos estancos, exactamente lo que hace Dios y lo que hace el hombre cuando Dios y el hombre trabajan juntos. Y, naturalmente, empezamos por pensar que es como dos hombres que trabajan juntos, de modo que se podría decir: «Él hizo esto, y yo hice aquello». Pero esta manera de pensar hace agua. Dios no es así. Él está dentro de vosotros además de fuera; incluso si pudiéramos comprender quién hace qué, no creo que el lenguaje humano pudiera expresarlo adecuadamente. En un intento de expresarlo, diferentes iglesias dicen cosas diferentes. Pero encontraréis que incluso aquellos que insisten con más vehemencia en la importancia de las buenas acciones os dicen que necesitáis fe; e incluso aquellos que insisten con más vehemencia en la fe os dicen que hagáis buenas acciones. En todo caso, yo no voy a pasar de aquí.

Creo que todos los cristianos estarán de acuerdo conmigo si digo que a pesar de que el cristianismo parece en un principio tratar solo de moralidad, solo de reglas y deberes y culpa y virtud, nos conduce más allá de todo eso hasta algo que lo trasciende. Uno tiene una visión de un país en el que no se habla de esas cosas, salvo tal vez en broma. Todos los que allí habitan están llenos de lo que llamamos bondad del mismo modo que un espejo está lleno de luz. Pero ellos no lo llaman bondad. No lo llaman nada. Ni siquiera piensan en ello. Están demasiado ocupados mirando la fuente de la que ello mana. Pero esto se acerca al punto en que el camino pasa más allá de los confines de nuestro mundo. No hay nadie cuyos ojos puedas ver mucho más allá de eso. Pero los ojos de mucha gente pueden ver más lejos que los míos.

SOBRE PREOCUPARSE POR ALGO MÁS QUE POR LA SALVACIÓN DE LAS ALMAS

TENEMOS QUE RESPONDER a la pregunta adicional: «¿Cómo puedes ser tan frívolo y egoísta como para pensar en otra cosa que no sea la guerra?». Ahora bien, parte de nuestra respuesta será la misma para ambas preguntas. Una implica que nuestra vida puede, y debe, volverse exclusiva y explícitamente religiosa, la otra, que puede y debe volverse exclusivamente nacional. Yo creo que nuestra vida entera puede, y de hecho debe, volverse

---

El peso de la gloria, del capítulo titulado
«Aprender en tiempos de guerra».

religiosa en un sentido que se explicará más adelante. Pero si esto significa que todas nuestras actividades deben ser de la clase que se puede reconocer como «sagradas» en oposición a «seculares», yo daría una simple respuesta a mis dos asaltantes imaginarios. Les diría: «Tanto si debe suceder como si no, esto que ustedes están recomendando no va a suceder». Antes de convertirme en cristiano no creo que fuese completamente consciente de que la vida de uno, después de la conversión, inevitablemente consiste en hacer en gran medida las mismas cosas que uno ha hecho antes, esperando que con un nuevo espíritu, pero siendo aún las mismas cosas. Antes de ir a la última guerra, sin duda esperaba que mi vida en las trincheras fuera, de algún modo misterioso, todo guerra. De hecho, descubrí que cuanto más te acercabas al frente menos hablaba todo el mundo y menos pensábamos en la causa aliada y el progreso de la campaña; y me complace saber que Tolstoi, en el mayor libro de guerra escrito jamás, registra las mismas cosas; y eso mismo, a su manera, hace *La Ilíada*. Ninguna conversión ni alistamiento en el ejército va a anular en realidad nuestra vida humana. Los cristianos y los soldados siguen siendo hombres; la idea que el infiel tiene de una vida religiosa y la idea que el civil tiene del servicio activo son descabelladas. Si intentaras, en cualquiera de los casos, suspender toda tu actividad intelectual y estética, solo conseguirías sustituir una vida cultural peor por una mejor. No vas a quedarte sin leer nada, de hecho, ni en la iglesia ni en el frente: si no lees buenos libros, leerás malos. Si no continúas pensando racionalmente, pensarás irracionalmente. Si rechazas las satisfacciones estéticas, caerás en las satisfacciones sensoriales.

Existe, pues, esta analogía entre las aseveraciones de nuestra religión y las de la guerra: ninguna de ellas, para la mayoría de nosotros, cancelará o apartará de la vista sin más la mera vida humana que llevábamos antes de entrar en ellas. Pero será así por diferentes razones. La guerra no conseguirá absorber toda nuestra atención porque es un objetivo finito y, por lo tanto, intrínsecamente inadecuado para soportar toda la atención de un alma humana. Para evitar malentendidos debo destacar aquí algunas distinciones. Creo que nuestra causa, como toda causa humana, es muy justa, y por lo tanto creo que es un deber participar en esta guerra. Y todo deber es un deber religioso, y nuestra obligación de realizar cada deber es, por lo tanto, absoluta. Así, puede que tengamos el deber de rescatar a un hombre que se ahoga y, tal vez, si vivimos en una costa peligrosa, debamos aprender socorrismo para estar preparados para cualquier naufragio cuando aparezca. Puede que sea nuestro deber perder nuestras vidas para salvarlo a él. Pero si alguien se consagrase al socorrismo en el sentido de prestar toda su atención —de tal modo que no pensase ni hablase de nada más y demandase el cese de todas las actividades humanas hasta que todo el mundo hubiera aprendido a nadar— sería un monomaníaco. El rescate de un náufrago es, pues, un deber por el que es digno morir, pero no es un deber digno de dedicarle toda una vida. Me parece que todos los deberes políticos (entre los cuales incluyo los militares) son de esta clase. Puede que un hombre tenga que morir por su país, pero ningún hombre debe, en ningún sentido exclusivo, vivir por su país. Aquel que se rinde sin reservas a las reivindicaciones temporales de una nación, o un partido, o una clase, está entregando al César lo que, fíjense, pertenece con más énfasis a Dios: uno mismo.

Es una razón muy diferente la que justifica que la religión no puede ocupar toda la vida, en el sentido de excluir todas nuestras actividades naturales. Porque, por supuesto, en cierto sentido debe ocupar la vida entera. No hay duda de que existe un acuerdo entre el llamado de Dios y el de la cultura, la política o cualquier otra cosa. El llamado de Dios es infinito e inexorable. Puedes rechazarlo o puedes comenzar a intentar reconocerlo. No hay término medio. Aun así, a pesar de esto, está claro que el cristianismo no excluye ninguna de las actividades humanas usuales. San Pablo les dice a los cristianos que continúen con sus trabajos. Incluso da por hecho que pueden asistir a veladas y, lo que es más, a veladas ofrecidas por paganos. Nuestro Señor asiste a una boda y proporciona vino milagroso. Bajo la tutela de su Iglesia, y en la mayoría de épocas cristianas, el aprendizaje y las artes florecen. La solución a esta paradoja les resulta, por supuesto, bien conocida. «Si, pues, coméis o bebéis, o hacéis otra cosa, hacedlo todo para la gloria de Dios».

Todas nuestras actividades meramente naturales serán aceptadas si se ofrecen a Dios, incluso las más humildes; si no, todas ellas, incluso las más nobles, serán pecaminosas. El cristianismo no viene y reemplaza simplemente nuestra vida natural y la sustituye por una nueva; es más bien una nueva organización la que aprovecha, para sus propios fines sobrenaturales, estos materiales naturales. Sin duda, en una situación determinada, demanda el sometimiento de ciertas, o de todas, nuestras actividades meramente humanas; es mejor ser salvo con un ojo que, teniendo dos, ser confinado al Gehena. Pero lo hace, en cierto sentido, *per accidens*: porque, en estas circunstancias especiales, ha dejado de ser posible practicar tal o cual actividad para la gloria de Dios. No existe una disputa esencial entre la vida espiritual y las actividades humanas como tales. Por esto la omnipresencia de la obediencia a Dios en la vida cristiana es, en cierto modo, análoga a la omnipresencia de Dios en el espacio. Dios no llena el espacio como un cuerpo lo llenaría, en el sentido de que partes de Él estarían en diferentes partes del espacio, excluyendo de ellas a otros objetos. Aun así, Él está en todas partes —totalmente presente en cada punto del espacio— según los buenos teólogos.

Nosotros estamos ahora en la posición de responder a la visión de que la cultura humana es una frivolidad inexcusable por parte de criaturas como nosotros, cargadas con tan terribles responsabilidades. Rechazo de inmediato una idea que persiste en la mente de algunas gentes modernas, que las actividades culturales tienen su merecido derecho espiritual: como si los eruditos y los poetas complacieran intrínsecamente a Dios más que los pordioseros y los limpiabotas. Creo que fue Matthew Arnold quien usó en primer lugar la palabra *espiritual* en el sentido de la alemana *geistlich*, y de este modo inauguró este peligrosísimo y anticristiano error. Apartémoslo para siempre de nuestras mentes. El trabajo de Beethoven y el trabajo de una asistenta se vuelven espirituales bajo las mismas precisas condiciones, que son las de ser ofrecidos a Dios, de haber sido hechos humildemente «como para el Señor». Esto no significa, por supuesto, que alguien deba echar a suertes si debe limpiar habitaciones o componer sinfonías. Un topo debe excavar para la gloria de Dios y un gallo debe cacarear. Somos miembros de un cuerpo, pero miembros diferenciados, cada uno con su propia vocación. La educación de un hombre, sus talentos, sus circunstancias, normalmente son un aceptable indicador de su vocación.

Si nuestros padres nos han enviado a Oxford, si nuestro país nos permite permanecer aquí, es evidencia *prima facie* de que la vida que en cualquier caso puede conducirnos hacia la gloria de Dios en el presente es la vida ilustrada. Con dirigir esa vida hacia la gloria de Dios no me refiero, por supuesto, a cualquier intento de hacer que nuestras indagaciones intelectuales se ejerciten para alcanzar conclusiones. Eso sería, como dice Bacon, ofrecerle al autor de la verdad el impuro sacrificio de una mentira. Me refiero a la búsqueda del conocimiento y la belleza, en cierto sentido, por sí mismos, pero de un modo que no excluya hacerlo en honor de Dios. Existe en la mente humana apetito por estas cosas, y Dios no crea el apetito en vano. Por lo tanto, podemos perseguir el conocimiento en sí, y la belleza en sí, con la segura confianza de que, al hacerlo, o avanzamos nosotros mismos hacia la visión de Dios o indirectamente ayudamos a otros a hacerlo. La humildad, no menos que el apetito, nos anima a concentrarnos simplemente en el conocimiento o la belleza, sin preocuparnos demasiado de su relevancia final en la visión de Dios. Puede que esa relevancia no esté destinada para nosotros, sino para otros mejores: para hombres que vengan después y encuentren importancia espiritual en lo que nosotros desenterramos a ciegas y con humilde obediencia a nuestra vocación. Este es el argumento teológico de que la existencia del impulso y la facultad prueban que deben tener una función adecuada en el esquema de Dios; el argumento mediante el cual Tomás de Aquino probó que la sexualidad debería haber existido incluso sin la Caída. La firmeza del argumento, en lo que respecta a la cultura, se prueba por la experiencia. La vida intelectual no es el único camino a Dios, ni el más seguro, pero descubrimos que es un camino, y quizá sea el camino destinado para nosotros. Por supuesto, esto será así solo mientras mantengamos el impulso puro y desinteresado. Ahí está la gran dificultad. Como dice el autor de *Theologia Germanica*, podemos llegar a amar el conocimiento —nuestro conocimiento— más que aquello que conocemos: deleitarnos no en el ejercicio de nuestros talentos, sino en el hecho de que son nuestros, o incluso en la reputación que nos otorgan. Todo éxito en la vida de un erudito incrementa este peligro. Si se vuelve irresistible, debe abandonar su trabajo académico. Ha llegado el momento de arrancarse el ojo derecho.

SOBRE LOS PELIGROS DE SEÑALAR
LOS DEFECTOS DE LOS DEMÁS

NO CREO QUE sea exagerado suponer que siete de cada diez que lean estas líneas tendrán algún tipo de dificultad con algún otro ser humano. Las personas que nos emplean o las que son empleados nuestros, las que comparten nuestra casa o aquellas con las que compartimos la suya, nuestros parientes políticos o nuestros padres o nuestros hijos, nuestra esposa o nuestro marido nos están haciendo la vida, en el trabajo o en el hogar, más difícil de lo que sería necesario en estos días. Es de esperar que no mencionemos a menudo

---

Dios en el banquillo, del capítulo titulado
«El problema del señor "X"».

las dificultades (especialmente las domésticas) a los extraños. Pero a veces lo hacemos. Un amigo lejano nos pregunta por qué estamos tan malhumorados y la respuesta salta a la vista.

En ocasiones así, el amigo lejano suele decir: «¿Por qué no habla con ellos? ¿Por qué no se reúne con su esposa (o con su marido, o con su padre, o con su hija, o con su jefe, o con su patrona o con su huésped) y lo resuelven hablando? La gente suele ser razonable. Todo lo que debe hacer es conseguir que vean las cosas a la verdadera luz. Explíqueselo de forma tranquila, razonable y pacífica». Pero nosotros, veamos lo que veamos exteriormente, pensamos con tristeza: «No conoce a X». Nosotros sí, y sabemos lo imposible que resulta hacerle entrar en razón. En ocasiones se intenta una y otra vez hasta quedar hartos de tanto intento, en otras no se intenta nunca porque se sabe de antemano que será inútil. Sabemos que si tratamos de «resolverlo hablando con X», se producirá un escándalo o «X» clavará la vista en nosotros desconcertado y dirá: «no sé de qué estás hablando». O bien (lo cual es quizás lo peor de todo) «X» se mostrará completamente de acuerdo con nosotros y prometerá reformarse y hacer las cosas de otro modo para, veinticuatro horas más tarde, ser exactamente el «X» de siempre.

Nosotros sabemos, en efecto, que cualquier intento de hablar de algo con «X» naufragará en el viejo y fatal defecto del carácter de «X». Cuando miramos hacia atrás, vemos cómo han naufragado en ese defecto fatal los planes que hayamos podido hacer, en la incorregible envidia o pereza o susceptibilidad o estupidez o autoritarismo o mal humor o veleidad de «X». Hasta cierta edad mantuvimos tal vez la ilusión de que algún golpe de buena suerte —una mejoría del estado de salud, un aumento de salario, el fin de la guerra— resolviera las dificultades. Pero ahora lo sabemos mejor. La guerra ha terminado y llegamos a la conclusión de que, aunque hubiera ocurrido todo lo demás, «X» seguiría siendo «X» y nosotros tendríamos que seguir enfrentándonos con el mismo problema de siempre. Incluso si nos hiciéramos millonarios, nuestro marido seguiría siendo un matón, o nuestra esposa seguiría importunando o nuestro hijo seguiría bebiendo o tendríamos que seguir viviendo con nuestra suegra en casa.

Entender que es así significa un gran paso adelante. Me refiero a arrostrar el hecho de que, aun cuando todas las cosas exteriores marcharan bien, la verdadera felicidad seguiría dependiendo del carácter de las personas con las que tenemos que vivir, algo que nosotros no podemos cambiar. Y ahora viene lo importante. Cuando vemos estas cosas por primera vez, tenemos un destello de que algo semejante le debe ocurrir a Dios. A esto es, en cierto modo, a lo que Dios mismo ha de enfrentarse. Él ha provisto un mundo rico y hermoso en el que poder vivir. Nos ha dado inteligencia para saber cómo se puede usar y conciencia para comprender qué uso se debe hacer de él. Ha dispuesto que las cosas necesarias para la vida biológica (alimento, bebida, descanso, sueño, ejercicio) nos resulten positivamente deliciosas. Pero después de haber hecho todo esto, ve malogrados sus planes —como nosotros vemos malogrados nuestros pequeños planes— por la maldad de las propias criaturas. Convertimos las cosas que nos ha dado para ser felices en motivos de disputa y envidia, de desmanes, acumulación y payasadas.

Podemos decir que para Dios todo es diferente, pues Él podría, si quisiera, cambiar el carácter de las personas, cosa que nosotros no somos capaces de hacer. Pero esta diferencia no es tan decisiva como podemos pensar al principio. Dios se ha dado a sí mismo la regla de no cambiar por la fuerza el carácter de las personas. Dios puede y quiere cambiar a las personas, pero solo si las personas quieren que lo haga. En este sentido, Dios ha limitado real y verdaderamente su poder. A veces nos preguntamos admirados por qué lo ha hecho así, e incluso deseamos que no lo hubiera hecho. Pero, según parece, Él pensaba que merecía la pena. Prefiere un mundo de seres libres, con sus riesgos, que un mundo de personas que obraran rectamente como máquinas por no poder hacer otra cosa. Cuanto mejor nos imaginemos cómo sería un mundo de perfectos seres automáticos, tanto mejor, creo yo, entenderemos su sabiduría.

He dicho que cuando vemos cómo naufragan nuestros planes en el carácter de las personas con que tenemos que tratar, vemos «de *algún* modo» cómo deben ser las cosas para Dios. Pero solo de algún modo. Hay dos aspectos en que el punto de vista de Dios debe ser muy diferente del nuestro. En primer lugar, Dios ve, como nosotros, que la gente en nuestra casa o nuestro trabajo es peliaguda o difícil en diverso grado, pero cuando examina este hogar, esta fábrica o esta oficina, ve más de una persona de esa condición, y ve a una que nosotros nunca vemos. Me refiero, por supuesto, a cada uno de nosotros mismos. Entender que nosotros somos también ese tipo de persona es el siguiente gran paso hacia la sabiduría. También nosotros tenemos un defecto fatal en el carácter. Las esperanzas y planes de los demás han naufragado una vez tras otra en nuestro carácter, como nuestros planes y esperanzas han naufragado en el de los demás.

No es conveniente pasar por alto este hecho con una confesión vaga y general como «por supuesto, yo también tengo defectos». Es importante entender que tenemos un defecto fatal, algo que produce en los demás el mismo sentimiento de *desesperación* que las imperfecciones de los demás producen en nosotros. Casi con toda seguridad es algo de lo que no tenemos noticia, como eso que la publicidad llama «halitosis», enfermedad que nota todo el mundo menos el que la padece. Pero ¿por qué, nos preguntamos, no me lo dicen los demás? Creedme, han intentado decírnoslo una vez tras otra, pero nosotros apenas podríamos tolerarlo. Buena parte de lo que llamamos «insistencia» o «mal genio» o «rareza» de los demás tal vez no sean sino intentos por su parte de hacernos ver la verdad. Ni siquiera los defectos que vemos en nosotros los vemos completamente. Decimos: «Reconozco que anoche perdí la paciencia», pero los demás saben que la perdemos siempre, que somos unas personas de mal genio. Decimos «reconozco que el sábado pasado bebí demasiado», pero todo el mundo sabe que estamos borrachos siempre.

Esa es una de las formas en que el punto de vista de Dios debe distinguirse del mío. Dios ve todos los caracteres, yo todos menos el mío. La segunda diferencia es la que sigue. Dios ama a las personas a pesar de sus imperfecciones. Dios continúa amando. Dios no deja de amar. No digamos, «para Él es muy fácil, Él no tiene que vivir con ellos». Tiene. Dios está dentro y fuera de ellos. Dios está más íntima y estrecha y continuamente *unido a* ellos de lo que nosotros podamos estar jamás. Cualquier pensamiento vil de su mente (y de la nuestra), cualquier momento de rencor, envidia, arrogancia, avaricia y presunción se alza directamente contra su paciencia y amor anhelante, y aflige su espíritu más de lo que aflige el nuestro.

Cuanto más imitemos a Dios en ambos aspectos, tanto más progresos haremos. Debemos amar a «X» más y tenemos que vernos a nosotros como una persona exactamente del mismo tipo que él. Hay quien dice que es morboso estar pensando siempre en los defectos propios. Eso estaría muy bien si la mayoría de nosotros pudiera dejar de pensar en los suyos sin empezar a pensar enseguida en los de los demás. Pero desgraciadamente *disfrutamos* pensando en las faltas de los otros. Ese es el placer más morboso del mundo en el sentido exacto de la palabra «morboso».

Nos disgustan los razonamientos que se nos imponen. Sugiero un razonamiento que debemos imponernos a nosotros mismos: abstenerse de pensar en las faltas de la gente a menos que lo requieran nuestros deberes como maestro o como padre. ¿Por qué no echar a empujones de nuestra mente los pensamientos que entren innecesariamente en ella? ¿Por qué no pensar en los propios defectos en vez de pensar en las faltas de los demás? En el segundo caso *podremos* hacer algo con la ayuda de Dios. Entre todas las personas difíciles de nuestra casa o nuestro trabajo hay una que podemos mejorar mucho. Ese es el fin práctico por el que comenzar. Si lo hiciéramos, progresaríamos. Algún día deberemos emprender la tarea. Cada día que lo aplacemos resultará más difícil empezar.

¿Cuál es, a la postre, la alternativa? Vemos con suficiente claridad que nada, ni siquiera Dios con todo su poder, puede hacer que «X» sea realmente feliz mientras siga siendo envidioso, egocéntrico y rencoroso. Dentro de nosotros hay, seguramente, alguna cosa que, a menos que la cambiemos, no permitirá al poder de Dios impedir que seamos eternamente miserables. Mientras siga, no habrá cielo para nosotros, como no puede haber aromas fragantes para el resfriado ni música para el sordo. No se trata de que Dios nos «mande» al Infierno. En cada uno de nosotros crece algo que *será Infierno* en sí mismo a menos que lo cortemos de raíz. El asunto es serio. Pongámonos en sus manos en seguida, hoy mismo, ahora.

SOBRE VIVIR HOY MIENTRAS ESPERAMOS LA SEGUNDA VENIDA MAÑANA

LA DOCTRINA DE la Segunda Venida nos enseña que no sabemos ni podemos saber cuándo terminará el drama del mundo. El telón puede caer en cualquier momento: por ejemplo, antes de que hayas terminado de leer este párrafo. A algunas personas esto les parece intolerablemente frustrante. Se interrumpirían muchas cosas. Tal vez planeas casarte el mes que viene, tal vez vayas a recibir un aumento de sueldo la semana que viene: puede que estés a punto de hacer un

---

The World's Last Night, del capítulo titulado
«The World's Last Night».

gran descubrimiento científico; quizás estés gestando grandes reformas sociales y políticas. Desde luego, ningún Dios bueno y sabio sería tan poco razonable como para cortar todo esto de todos los momentos del tiempo, *ahora* no.

Pero pensamos así porque seguimos asumiendo que conocemos el guion. No lo conocemos. Ni siquiera sabemos si estamos en el Acto I o en el Acto V. No sabemos quiénes son los personajes principales y quiénes los secundarios. Lo sabe el autor. El público, si es que lo hay (si los ángeles y arcángeles y toda la compañía del cielo llenan el foso y el patio de butacas) puede tener una idea. Pero nosotros, que nunca vemos la obra desde fuera, que nunca conocemos a ningún personaje, salvo a la ínfima minoría que interviene en las mismas escenas que nosotros, que ignoramos por completo el futuro y tenemos una muy defectuosa información sobre el pasado, no podemos saber en qué momento debe llegar el final. Podemos estar seguros de que llegará cuando tenga que llegar, pero perdemos el tiempo si queremos adivinar cuándo será.

Podemos estar seguros de que tiene un significado, pero no podemos verlo. Cuando se acabe, puede que nos lo digan. Se nos lleva a esperar que el Autor tenga algo que decirnos a cada uno de nosotros sobre el papel que cada uno ha representado. Lo que importa por encima de todo es actuar bien.

La doctrina de la Segunda Venida, por tanto, no debe ser rechazada porque entre en conflicto con nuestra mitología moderna favorita. Es por esa misma razón por lo que debe ser más valorada y puesta cada vez más como tema que meditar. Es la medicina que nuestra condición más necesita.

Dicho esto, paso a lo práctico. Existe una dificultad real para darle a esta doctrina el lugar que merece en nuestra vida cristiana sin correr, al mismo tiempo, un cierto riesgo. El miedo a ese riesgo disuade probablemente a muchos profesores que aceptan la doctrina para que no hablen mucho de ella.

Debemos admitir antes que nada que esta doctrina ha llevado a los cristianos a cometer grandes locuras en el pasado. Al parecer, a muchos les resulta difícil creer en este gran acontecimiento sin tratar de adivinar su fecha, o incluso sin aceptar como una certeza la fecha que les ofrece cualquier curandero o histérico. Para escribir la historia de todas estas detalladas predicciones se necesitaría un libro, y sería un libro triste, sórdido y tragicómico. Una de estas predicciones ya circulaba cuando san Pablo escribió su segunda carta a los tesalonicenses. Alguien les había dicho que «el Día» estaba «cerca». Al parecer, esto estaba teniendo el resultado que suelen tener estas predicciones: la gente estaba ociosa y entrometiéndose en lo ajeno. Una de las predicciones más famosas fue la del pobre William Miller en 1843. Miller (que me parece un fanático sincero) predijo el año, el día y el minuto de la Segunda Venida. Un oportuno cometa fomentó el engaño. Miles de personas esperaron al Señor en la medianoche del 21 de marzo, y volvieron a casa para un desayuno tardío el 22, acompañados por las burlas de un borracho.

Por supuesto, nadie desea decir nada que despierte esa histeria colectiva. No debemos hablarle a la gente sencilla y entusiasmada sobre «el Día» sin subrayar una y otra vez la absoluta imposibilidad de predecirlo. Debemos tratar de mostrarles que esa imposibilidad es una parte esencial de la doctrina. Si usted no cree en las palabras de nuestro Señor, ¿por qué cree que Él regresará? Y si las cree, ¿por qué no destierra por completo y para siempre cualquier esperanza de adivinar ese regreso? El Señor nos enseñó claramente tres proposiciones: (1) que ciertamente regresará. (2) Que no podemos saber cuándo. (3) Que, por tanto, debemos estar siempre preparados para él.

Nótese el *por tanto*. Precisamente porque no podemos predecir el momento, debemos estar preparados en todo momento. Nuestro Señor repitió esta conclusión práctica una y otra vez; como si la promesa de su retorno se hubiera dado solo por esta conclusión. «Velad» es el peso de su consejo. Vendré como un ladrón. No podrán, les aseguro seriamente, no me verán acercarme. Si el amo de casa hubiera sabido a qué hora llegaría el ladrón, habría estado listo para él. Si el criado hubiera sabido cuándo volvería a casa su patrón ausente, no lo habrían encontrado borracho en la cocina. Pero no lo supieron. Usted tampoco lo sabrá. Por eso debe estar preparado en todo momento. Sin duda, el argumento es bastante sencillo. El estudiante no sabe qué parte de su lección de Virgilio se le hará traducir: por eso debe estar preparado para traducir *cualquier* pasaje. El centinela no sabe a qué hora atacará un enemigo, o un oficial inspeccionará su puesto: por eso debe permanecer despierto *todo* el tiempo. El retorno es completamente impredecible. Habrá guerras y rumores de guerra y todo tipo de catástrofes, como siempre las ha habido. Las cosas serán, en ese sentido, normales, a la hora antes de que los cielos se enrollen como un pergamino. No puede adivinarlo. Si pudiera, se frustraría uno de los principales propósitos para los que se predijo. Y los propósitos de Dios no se frustran tan fácilmente. Hay que cerrar los oídos de antemano ante cualquier futuro William Miller. La locura de escucharlo es casi igual a la de creerlo. *No podría* saber lo que pretende, o cree, saber.

Sobre esta locura ha escrito acertadamente George MacDonald. «¿Acaso los que dicen: «Aquí o allá están las señales de su venida», creen que están muy entusiasmados con él y están atentos a su venida? Cuando Dios les dice que velen para no ser hallados descuidando su trabajo, miran de un lado a otro, vigilan para que no venga como un ladrón. La obediencia es la única clave de la vida».

La doctrina de la Segunda Venida ha fracasado, en lo que a nosotros respecta, si no nos hace darnos cuenta de que en cada momento de cada año de nuestras vidas aún sigue vigente la pregunta de Donne: «¿Y si esta fuera la última noche del mundo?».

A veces, esta pregunta ha sido planteada a nuestras mentes con el propósito de crear miedo. No creo que ese sea su uso correcto. Estoy, en verdad, lejos de estar de acuerdo con aquellos que piensan que todos los religiosos temen a los bárbaros y los humillan y exigen que sean desterrados de la vida espiritual. El amor perfecto, esto lo sabemos, echa fuera el temor. Pero también lo hacen varias otras cosas: la ignorancia, el alcohol, la pasión, la presunción y la estupidez. Es muy deseable que todos avancemos hacia esa perfección del amor en la que ya no temeremos; pero es muy indeseable, hasta que hayamos alcanzado esa etapa, que permitamos que cualquier agente inferior expulse nuestro temor. La objeción a cualquier intento de perpetua inquietud acerca de la Segunda Venida es, en mi opinión, muy diferente: a saber, que no tendrá éxito. El miedo es una emoción: y es absolutamente imposible —incluso físicamente imposible— mantener una emoción por mucho tiempo. Una excitación perpetua de la esperanza sobre la Segunda Venida es imposible por esa misma razón. El sentimiento de crisis de cualquier clase es básicamente temporal. Los sentimientos van y vienen, y cuando llegan se les puede dar un buen uso: pero no pueden ser nuestra dieta espiritual habitual.

Lo importante no es que temamos (o esperemos) siempre el Fin, sino que siempre lo recordemos, siempre lo tomemos en cuenta. Aquí puede servirnos una analogía. Un hombre de setenta años no tiene por qué estar siempre sintiendo (y mucho menos hablando) de su muerte: pero un hombre de setenta años sabio debe tenerla siempre en cuenta. Sería insensato embarcarse en planes que presupongan veinte años más de vida: sería una insensatez criminal no hacer —de hecho, no haber hecho tiempo atrás— su testamento. Ahora bien, lo que la muerte es para cada hombre, la Segunda Venida lo es para toda la raza humana. Todos creemos, supongo, que un hombre no debe aferrarse a su vida, debe recordar lo corta, precaria, temporal y provisional que es; no debe entregarle todo su corazón a algo que terminará cuando su vida acabe. Lo que a los cristianos modernos les cuesta recordar es que toda la vida de la humanidad en este mundo es también precaria, temporal, provisional.

Cualquier moralista te dirá que el triunfo personal de un deportista o de una joven en un baile es transitorio: lo que cuenta es recordar que un imperio o una civilización también lo son. Todos los logros y triunfos, en la medida en que sean meramente logros y triunfos de este mundo, se quedarán en nada al final. La mayoría de los científicos están de acuerdo con los teólogos: la Tierra no será habitable siempre. La humanidad, aunque más longeva que los hombres particulares, es igualmente mortal. La diferencia es que, mientras que los científicos esperan una lenta decadencia desde dentro, nosotros contamos con una interrupción repentina desde fuera, en cualquier momento. («¿Y si esta fuera la última noche del mundo?»).

Tomadas de forma aislada, podría parecer que estas consideraciones invitan a relajar nuestros esfuerzos por el bien de la posteridad: pero, si recordamos que lo que puede esperarnos en cualquier momento no es simplemente un Fin, sino un Juicio, no deberían tener tal resultado. Pueden, y deben, corregir la tendencia de alguna gente de hoy a hablar como si los deberes con la posteridad fueran los únicos que tenemos. No puedo imaginar a ningún hombre que mire con más horror el Fin que un revolucionario convencido que, en cierto sentido, ha estado justificando las crueldades e injusticias infligidas a millones de sus contemporáneos por los beneficios que espera dejar a las generaciones futuras: generaciones que, como le revela ahora un momento terrible, nunca iban a existir. Entonces verá que las masacres, los juicios amañados, las deportaciones, son realidades imborrables, una parte esencial, su parte, en el drama que acaba de terminar: mientras que la futura Utopía nunca había sido más que una fantasía.

La reflexión de que «esta» podría ser «la última noche del mundo» desalienta la administración frenética de panaceas; no así el trabajo sobrio para el futuro, dentro de los límites de la moralidad y la prudencia ordinarias. Porque lo que viene es el Juicio: bienaventurados aquellos a los que encuentra trabajando en su llamado, ya sea simplemente salir a dar de comer a los cerdos o hacer buenos planes para liberar a la humanidad de algún gran mal dentro de cien años. Efectivamente, el telón ya ha caído. Esos cerdos nunca serán alimentados, la gran campaña contra la trata de blancas o la tiranía gubernamental no alcanzará su victoria. No importa; estabas en tu puesto cuando llegó la Inspección.

Nuestros antepasados tenían la costumbre de usar la palabra «juicio» en este contexto como si simplemente significara «castigo»: de ahí la expresión popular «recibir el castigo». Creo que a veces podemos hacer que la cosa sea más evidente para nosotros al tomar el juicio en un sentido más estricto: no como una sentencia o fallo, sino como veredicto. Algún día («¿y si esta precisamente fuera la última noche del mundo?») se dictará un veredicto absolutamente correcto —si lo prefiere, una crítica perfecta— respecto a lo que somos cada uno de nosotros.

Todos nos hemos topado con juicios o veredictos respecto a nosotros mismos a lo largo de nuestra vida. De vez en cuando descubrimos lo que nuestro prójimo piensa realmente de nosotros. Por supuesto, no me refiero a lo que nos dicen a la cara: eso lo damos por descontado. Pienso en lo que a veces escuchamos por casualidad o de las opiniones sobre nosotros que nuestros vecinos, empleados o subalternos revelan inconscientemente en sus acciones; y en los juicios terribles, o amables, ingeniosamente traicioneros de niños o incluso de animales. Estos descubrimientos pueden ser las experiencias más amargas o dulces que tengamos. Pero, por supuesto, tanto lo amargo como lo dulce están limitados por nuestra duda en cuanto a la sabiduría de quienes juzgan. Siempre esperamos que aquellos que tan claramente nos consideran cobardes o jactanciosos sean ignorantes y maliciosos; siempre tememos que quienes confían en nosotros o nos admiran estén cegados por su subjetividad. Supongo que la experiencia del juicio final (que puede llegarnos en cualquier momento) será como estas pequeñas experiencias, pero elevadas al infinito.

Porque será un juicio infalible. Si es favorable, no tendremos miedo, si es desfavorable, no tendremos esperanza de que sea injusto. No solo creeremos, lo sabremos, sabremos sin lugar a duda en cada fibra de nuestro ser consternado o maravillado, que como ha dicho el Juez, así somos: ni más ni menos. Quizá incluso nos demos cuenta de que, de alguna manera tenue, podríamos haberlo sabido desde un principio. Lo sabremos y toda la creación lo sabrá también: nuestros antepasados, nuestros padres, nuestras esposas o maridos, nuestros hijos. La verdad incontestable y (para entonces) evidente respecto a cada uno será conocida por todos.

No me parece que las imágenes de una catástrofe física (aquella señal en las nubes, aquel cielo que desaparece como un pergamino que se enrolla) sean tan útiles como la idea patente del juicio. No siempre podemos estar alarmados. Quizá podamos prepararnos para preguntarnos cada vez más a menudo cómo se verá lo que estamos diciendo o haciendo (o dejando de hacer) en cada momento cuando aquella luz irresistible lo ilumine; esa luz que es tan diferente de la luz de este mundo y de la que, sin embargo, incluso ahora, sabemos lo suficiente de ella para tenerla en cuenta. Las mujeres tienen a veces el problema de intentar juzgar con luz artificial cómo quedará un vestido a la luz del día. Se parece mucho al problema de todos nosotros: vestir nuestras almas no para las luces eléctricas del mundo actual, sino para la luz del día del próximo. El buen atuendo es el que se enfrenta a esa luz. Pues esa luz durará más tiempo.

SOBRE EL PERDÓN COMO
PRÁCTICA NECESARIA

Decimos muchas cosas en la iglesia (y fuera también) sin pensar en lo que estamos diciendo. Por ejemplo, decimos en el Credo: «Creo en el perdón de los pecados». Lo llevaba diciendo varios años antes de preguntarme por qué se encontraba en el Credo. A primera vista parece muy digno de ser puesto ahí. «Si uno es cristiano —pensé—, por supuesto que cree en el perdón de los pecados. No hace falta decirlo». Pero la gente que compiló el Credo pensó, al parecer, que esta era una parte de nuestras creencias que necesitábamos que nos recordasen cada vez que

---

El peso de la gloria, del capítulo titulado «Sobre el perdón».

fuéramos a la iglesia. Y he comenzado a ver que, en lo que a mí me concierne, tenían razón. Creer en el perdón de los pecados no es tan fácil como pensaba. La creencia real en ello es de la clase de cosas que se desvanecen fácilmente si no la perfeccionamos de manera constante.

Creemos que Dios perdona nuestros pecados; pero también que Él no lo hará a menos que nosotros perdonemos a otras personas sus pecados contra nosotros. No hay duda de la segunda parte de esta declaración. Está en el Padre Nuestro; fue expresado enfáticamente por nuestro Señor. Si no perdonas no serás perdonado. Ninguna parte de su enseñanza es más clara, y no hay excepciones. No dice que hemos de perdonar los pecados de otras personas a condición de que no sean demasiado espantosos, o a condición de que haya circunstancias atenuantes, o algo por el estilo. Hemos de perdonarlos todos, sin importar cuán malintencionados o mezquinos sean ni cuán a menudo se repitan. Si no lo hacemos, no será perdonado ni uno de los nuestros.

Ahora bien, me parece que a menudo cometemos un error con el perdón de nuestros pecados de parte de Dios y con el perdón que se nos dice que hemos de ofrecer a los pecados de otros. Hablemos primero sobre el perdón de Dios. Entiendo que, cuando pienso que le estoy pidiendo a Dios que me perdone, en realidad (a menos que me observe a mí mismo con mucha atención) le estoy pidiendo que haga algo bastante diferente. Le estoy pidiendo no que me perdone, sino que me excuse. Pero hay una gran diferencia entre perdonar y excusar. El perdón dice: «Sí, has hecho esto, pero acepto tus disculpas; nunca volveré a usarlo en tu contra y entre nosotros dos todo será exactamente igual que antes». Pero la excusa dice: «Veo que no has podido evitarlo o que no querías hacerlo; no eras realmente culpable». Si uno no era realmente culpable, no hay nada que perdonar. En ese sentido, el perdón y la excusa son casi opuestos. Por supuesto, en docenas de casos, ya sea entre Dios y el hombre o entre un hombre y otro, puede que haya una mezcla de los dos. Parte de lo que al principio parecían ser los pecados luego realmente no resultó ser culpa de nadie y se excusó; lo poco que queda se perdona. Si tuvieras una excusa perfecta, no necesitarías perdón; si toda tu acción necesita perdón, entonces no hay excusa para ti. Pero el problema es que aquello que llamamos «pedir el perdón de Dios» a menudo realmente consiste en pedirle a Dios que acepte nuestras excusas. Lo que nos conduce a este error es el hecho de que habitualmente encontramos algunas excusas, ciertas «circunstancias atenuantes». Estamos tan ansiosos por señalárselas a Dios (y a nosotros mismos) que tenemos tendencia a olvidar lo realmente importante, esto es, esa pequeña parte restante, esa que las excusas no cubren, que es inexcusable pero que, gracias a Dios, no es imperdonable. Y si la olvidamos, nos marcharemos imaginándonos que nos hemos arrepentido y que hemos sido perdonados cuando lo que ha ocurrido en realidad es que hemos quedado satisfechos con nuestras propias excusas. Puede que sean excusas muy malas, pues nos quedamos satisfechos con demasiada facilidad.

Existen dos remedios para este peligro. Uno es recordar que Dios conoce todas las excusas reales mucho mejor que nosotros. Si realmente existen «circunstancias atenuantes», no hay miedo de que Él vaya a subestimarlas. A menudo, Él debe conocer muchas excusas en las que nosotros nunca hemos pensado, y por eso las almas humildes, después de la muerte, tendrán la deliciosa sorpresa de descubrir que en ciertas ocasiones pecaron mucho menos de lo que habían pensado. Él se hará cargo de todas las excusas reales. Lo que tenemos que llevarle es esa parte inexcusable, el pecado. Al hablar de todas las partes que (pensamos) pueden excusarse, no hacemos otra cosa que perder tiempo. Cuando van al médico le muestran la pequeña parte que está mal; por ejemplo, un brazo roto. Sería una pérdida de tiempo seguir explicándole que tienen las piernas, los ojos y la garganta completamente bien. Puede que se equivoquen al pensar eso y, de todos modos, si realmente están bien, el médico lo sabrá.

El segundo remedio es creer real y verdaderamente en el perdón de los pecados. Una gran parte de nuestro afán por dar excusas viene en realidad de nuestra incredulidad, de pensar que Dios no nos recibirá de nuevo si no encontramos alguna clase de argumento a nuestro favor. Pero entonces no sería perdón. El perdón real significa mirar directamente al pecado, a ese que queda sin ninguna excusa, después de todas las concesiones que se han hecho, y verlo con todo su horror, su suciedad, su vileza y malicia, y a pesar de todo reconciliarse completamente con el hombre que lo ha cometido. Eso, y solo eso, es perdón, y podemos siempre recibirlo de Dios si lo pedimos.

Cuando se trata de que nosotros perdonemos a otros, en parte es similar y en parte es diferente. Es similar porque aquí perdonar tampoco significa excusar. Mucha gente parece pensar que sí. Creen que si les pides que perdonen a alguien que les ha engañado o ha abusado de ellos estás tratando de dar a entender que realmente no hubo engaño o abuso. Pero si fuera así no habría nada que perdonar. Continúan contestando: «Pero es que este hombre rompió una promesa de lo más solemne». Exactamente: eso es justo lo que tienes que perdonar. (Esto no significa que debas creer necesariamente en su próxima promesa. Significa que debes esforzarte todo lo posible por aniquilar cualquier resto de resentimiento en tu corazón, cualquier deseo de humillarlo, herirlo o hacerle pagar). La diferencia entre esta situación y aquella en la cual pides el perdón de Dios es esta: en nuestro caso aceptamos las excusas con demasiada facilidad; en el caso de los demás no las aceptamos con suficiente facilidad. Con respecto a mis propios pecados, es una apuesta segura (aunque no una certeza) que las excusas no son tan buenas como yo creo; con respecto a los pecados de otros contra mí, es una apuesta segura (aunque no una certeza) que las excusas son mejores de lo que creo. Por lo tanto, uno debe comenzar a ocuparse de todo lo que pueda demostrar que el otro hombre no era tan culpable como pensábamos. Pero, aunque él fuera completamente culpable, aun así tendríamos que perdonarlo; y aunque un noventa y nueve por ciento de su aparente culpa pudiera explicarse con excusas realmente buenas, el problema del perdón comienza con el uno por ciento de la culpa que queda. Excusar aquello que es fácilmente excusable no es caridad cristiana; solo es justicia. Ser cristiano significa perdonar lo inexcusable, porque Dios te ha perdonado a ti lo inexcusable.

Esto es difícil. Quizá no sea tan difícil perdonar un gran y único daño. Pero perdonar las provocaciones incesantes de la vida diaria (mantenernos en el perdón a la suegra que se entromete, al marido que se excede en su autoridad, a la esposa que no para de quejarse, a la hija egoísta, al hijo mentiroso), ¿cómo podemos conseguirlo? Solo, creo yo, recordando dónde estamos, tomándonos en serio nuestras palabras cuando decimos en nuestras oraciones cada noche: «Perdónanos nuestros pecados, porque también nosotros perdonamos a todos los que nos deben». No se nos ofrece perdón en otros términos. Rechazarlo es rechazar la misericordia de Dios para nosotros. La regla no tiene excepciones y Dios quiere decir exactamente lo que dice.

SOBRE NEGARSE A SÍ MISMO Y
AMARSE A UNO MISMO A LA VEZ

SE CREE QUE negarse a uno mismo está, y de hecho es así, muy cerca del núcleo de la ética cristiana. Cuando Aristóteles elogia un cierto tipo de amor a uno mismo, podemos sentir, a pesar de las cuidadosas distinciones que traza entre la legítima y la ilegítima *Philautia*,[1] que aquí encontramos algo esencialmente subcristiano. Sin embargo, es más difícil decidir qué pensamos del capítulo de san Francisco de Sales, *De la douceur envers nous-mêsmes*,[2] donde se nos prohíbe el resentimiento incluso contra nosotros mismos y se nos aconseja reprender nuestras propias faltas *con*

God in the Dock, del capítulo titulado «Two Ways with the Self».

remonstrances douces et tranquilles,[3] con más compasión que pasión. En ese mismo espíritu, Juliana de Norwich nos querría «amorosos y pacíficos», no solo con nuestros «pares cristianos», sino con «nosotros mismos».[4] Incluso el Nuevo Testamento me pide que ame a mi prójimo «como a mí mismo».[5] lo que sería un mandato horrible si hubiera que odiar al yo. Sin embargo, nuestro Señor también dice que un verdadero discípulo debe «aborrecer su vida».[6]

No debemos explicar esta aparente contradicción diciendo que el amor propio está bien hasta cierto punto y mal más allá de ese punto. No está ahí la cuestión. Hay dos formas de aborrecerse a uno mismo que se parecen bastante en sus primeras etapas, pero de ellas una es errónea desde el principio y la otra hasta el final. Cuando Shelley habla del desprecio a sí mismo como fuente de crueldad, o cuando un poeta posterior dice que no tiene estómago para el hombre «que aborrece a su prójimo como a sí mismo», se están refiriendo a un odio muy real y muy poco cristiano del yo que puede convertir en diabólico a un hombre al que el egoísmo común habría hecho (al menos, durante un tiempo) meramente animal. El economista o psicólogo endurecido de nuestros días, al reconocer la «mancha ideológica» o la motivación freudiana en su propia composición, no aprende necesariamente la humildad cristiana. Puede terminar en lo que se llama una «visión baja» de todas las almas, incluida la suya, que se expresa en desconfianza o crueldad, o ambos. Incluso los cristianos, si aceptan en ciertas formas la doctrina de la depravación total, no siempre están libres del peligro. La conclusión lógica del proceso es el culto al sufrimiento —tanto para los demás como para uno mismo— que vemos, si no me equivoco, en el *Viaje a Arcturus* de David Lindsay, o en esa extraordinaria despedida que Shakespeare representa al final de *Ricardo III*. Ricardo, en su agonía, intenta recurrir al amor a sí mismo. Pero lleva tanto tiempo «discerniendo» lo que hay tras todas las emociones que también «discierne» lo que hay tras esta. Se convierte en una mera tautología: «Ricardo ama a Ricardo; eso es, yo soy yo».[7]

Ahora bien, el yo puede considerarse de dos maneras. Por un lado, es la criatura de Dios, causa de amor y regocijo; ahora, ciertamente, odiosa en su condición, pero que recibirá compasión y sanidad. Por otro lado, es ese único yo de todos los demás el que se llama *yo* y el que por ese motivo plantea una vindicación irracional de preferencia. Esta vindicación no solo hay que aborrecerla, hay que aniquilarla; como dice George MacDonald: «Que no se le permita ni un momento de respiro sin la muerte eterna». El cristiano debe librar una guerra interminable contra el clamor del *ego* como *ego*: pero ama y aprueba a los yos como tales, aunque no sus pecados. El mismo amor a uno mismo que tiene que rechazar es para él una muestra de cómo debe sentir con respecto a todos los yos; y puede esperar que cuando haya aprendido verdaderamente a amar a su prójimo como a sí mismo (lo que difícilmente ocurrirá en esta vida), pueda entonces amarse a sí mismo como a su prójimo: es decir, con caridad en lugar de parcialidad. La otra forma de aborrecerse a sí mismo, por el contrario, odia al yo como tal. Comienza aceptando el valor especial del yo particular llamado *yo*; luego, herido en su orgullo al comprobar que un objeto tan querido debe ser tan decepcionante, busca vengarse, primero de ese yo, luego de todos. Profundamente egoísta, pero ahora con un egoísmo invertido, utiliza el revelador argumento de «no me perdono a mí mismo» —con la implicación de que «entonces *a fortiori* no necesito perdonar a los demás»— y llega a ser como el centurión de Tácito, *«immitior quia toleraverat»*.[8]

El ascetismo incorrecto atormenta al yo: el correcto mata la yoidad. Debemos morir cada día: pero es mejor amar el yo que no amar nada, y compadecerse del yo que no compadecerse de nadie.

1. *Ética a Nicomaco*, L. 9, cap. 8.

2. Pt. III, cap. 9 «De la mansedumbre para con nosotros mismos», en la *Introducción a la vida devota* (Lyon, 1609).

3. «Con suaves y tranquilas reprimendas».

4. *Revelaciones del amor de Dios*, cap. 49 de la edición en inglés.

5. Mateo 19:19, 22, 39; Marcos 12:31, 33; Romanos 13:9; Gálatas 5:14; Santiago 2:8.

6. Lucas 14:26; Juan 12:25.

7. *Ricardo III*, V, iii, 184.

8. *Anales*, L. 1, sec. 20, v. 14. «Tanto más cruel con los demás por haberlo sufrido (en sí mismo)».

SOBRE LAS DUDAS
Y EL DON DE LA FE

EN GENERAL, SOMOS reservados a la hora de hablar claro sobre la fe como virtud. Se parece mucho a alabar la intención de creer lo que se quiere creer ante la evidencia de lo contrario: el americano de la vieja historia definía la fe como «la facultad de creer lo que sabemos que no es cierto». Ahora defino la fe como la facultad de seguir creyendo en lo que una vez pensamos sinceramente que era verdad hasta que se nos presenten razones convincentes para cambiar honestamente de opinión. En las

Christian Reflections, del capítulo titulado
«Religion: Reality or Substitute?».

discusiones sobre este tema siempre se ignora o malinterpreta la dificultad de seguir creyendo. Siempre se da por sentado que las dificultades de la fe son de tipo intelectual, que alguien que ha aceptado una determinada proposición seguirá creyéndola automáticamente hasta que surjan verdaderos motivos para no creer. No puede haber nada más superficial. ¿Cuántos de los estudiantes de primer año que llegan a Oxford procedentes de hogares religiosos y pierden su cristianismo en el primer año han pasado por sinceras *discusiones* al respecto? ¿Cuántas de nuestras propias pérdidas de fe temporales y repentinas tienen una base racional que resista un examen? No sé cómo lo viven otros, pero yo veo que un mero cambio de escenario tiende siempre a disminuir mi fe al principio: Dios es menos creíble cuando oro en la habitación de un hotel que cuando estoy en la universidad. La sociedad de no creyentes hace que la fe sea más difícil, incluso cuando son personas cuyas opiniones sobre cualquier otro tema son notoriamente insignificantes.

Estas fluctuaciones irracionales de las creencias no son exclusivas de las creencias religiosas. Les suceden a todas nuestras creencias durante todo el día. ¿No lo han notado con nuestros pensamientos sobre la guerra? Algunos días, por supuesto, hay noticias realmente buenas o realmente malas, que nos dan motivos racionales para ser más optimistas o pesimistas. Pero todos habremos experimentado días en los que nos vemos envueltos en una gran ola de confianza o hundidos en una depresión de ansiedad, aunque no haya nuevos motivos ni para lo uno ni para lo otro. Por supuesto, una vez que ese estado de ánimo está en nosotros, *encontramos* las razones muy pronto. Decimos que lo hemos «pensado»: pero está bastante claro que el estado de ánimo ha creado las razones y no *al revés*. Pero hay ejemplos incluso más cercanos al problema cristiano. Hay cosas, como aprender a nadar o escalar, que parecen peligrosas y no lo son. Su instructor le dice que es seguro. Tiene buenas razones, por experiencias pasadas, para confiar en él. Quizás incluso pueda ver por usted mismo, por su propia razón, que es seguro. Pero la pregunta crucial es: ¿podrá seguir creyendo esto cuando realmente vea el borde del precipicio o se encuentre sin apoyo en el agua? No tendrá motivos *racionales* para no creer. Son sus sentidos y su imaginación los que atacarán la creencia. Aquí, como en el Nuevo Testamento, el conflicto no es entre la fe y la razón, sino entre la fe y la vista. Podemos enfrentarnos a cosas que *sabemos* que son peligrosas si no parecen o suenan demasiado peligrosas; nuestro verdadero problema es a menudo con las cosas que *sabemos* que son seguras pero que parecen espantosas. Nuestra fe en Cristo vacila no tanto cuando se presentan argumentos reales en su contra como cuando *parece* improbable, cuando el mundo entero adquiere el *aspecto* desolado que realmente nos dice mucho más sobre el estado de nuestras pasiones e incluso nuestra digestión que sobre la realidad.

Cuando exhortamos a tener fe como una virtud, a la intención decidida de seguir creyendo en ciertas cosas, no estamos exhortando a luchar contra la razón. Hay que tener la intención de seguir creyendo porque, aunque la razón es divina, los razonadores humanos no lo somos. Cuando entra en juego la pasión, la razón humana, sin la ayuda de la gracia, tiene tantas posibilidades de retener las verdades ya obtenidas como un copo de nieve de conservarse en la boca de un horno industrial. A menudo, el tipo de argumentos contra el cristianismo con los que se puede persuadir a nuestra razón a ceder ante la tentación son absurdos. La razón puede ganar verdades; sin la fe, las retendrá tan solo mientras Satanás quiera. Si deseamos ser racionales, no de vez en cuando, sino constantemente, debemos orar por el don de la fe, por la capacidad de seguir creyendo no en las fauces de la razón, sino en las fauces de la lujuria y el terror y los celos y el aburrimiento y la indiferencia que la razón, la autoridad o la experiencia, o las tres, nos han entregado alguna vez como verdad. Y es posible que cuando llegue la respuesta a esa oración nos sorprenda. Pues, después de todo, no sé si una de las causas de nuestra débil fe no será un deseo secreto de que nuestra fe *no* sea muy fuerte. ¿Hay alguna reserva en nuestra mente? ¿Algún miedo a lo que podría pasar si nuestra religión se volviera *bastante* real? Espero que no. Que Dios nos ayude a todos y nos perdone.

SOBRE EL ATRACTIVO Y LOS
RETOS DE LA VIDA EN EL HOGAR

«SÍ —DIJO EL predicador—, el hogar debe ser la base de nuestra vida nacional. Es ahí, al fin y al cabo, donde se forma el carácter. Es ahí donde aparecemos como realmente somos. Es ahí donde podemos dejar los cansados disfraces del mundo exterior y ser nosotros mismos. Es ahí donde nos retiramos del ruido y del estrés y de la tentación y de la disipación de la vida cotidiana para buscar las fuentes de las nuevas fuerzas y de la pureza renovada...». Y mientras hablaba me di cuenta de que toda la confianza que había en él había

God in the Dock, del capítulo titulado
«The Sermon and the Lunch».

desaparecido de todos los miembros menores de treinta años de esa congregación. Hasta ese momento habían escuchado bien. Entonces empezaron los movimientos y las toses. Crujieron los bancos; los músculos buscaron cómo relajarse. El sermón, a efectos prácticos, había terminado; los cinco minutos durante los que el predicador siguió hablando fueron una total pérdida de tiempo, al menos para la mayoría de nosotros.

Si los desperdicié o no, ustedes lo juzgarán. Desde luego, no escuché más del sermón. Estaba pensando; y el punto de partida de mi pensamiento era la pregunta: «¿Cómo puede? ¿Cómo puede *él*, entre todos?». Ya que conocía bastante bien la propia casa del predicador. De hecho, había estado comiendo allí ese mismo día, tomando algo con el vicario, su esposa, su hijo (de la R.A.F.)[1] y su hija (de la A.T.S.),[2] que casualmente estaban de permiso. Podría haberlo evitado, pero la chica me había susurrado: «Por el amor de Dios, quédese a comer, se lo hemos pedido. Siempre es un poco más soportable cuando hay visita».

El almuerzo en la vicaría casi siempre sigue el mismo patrón. Comienza con un intento desesperado por parte de los jóvenes de mantener un brillante ritmo de conversación trivial: trivial no porque sea así su mentalidad (se puede tener una conversación real con ellos si se les encuentra a solas), sino porque a ninguno de ellos se le ocurriría decir en casa nada de lo que realmente están pensando, a menos que se les enoje tanto que se les obligue a hacerlo. Hablan solo para tratar de mantener a sus padres callados. No lo consiguen. El vicario interrumpe sin miramientos y alude a un tema muy diferente. Nos cuenta cómo reeducar a Alemania. Nunca ha estado allí y parece no saber nada ni de la historia ni de la lengua alemanas. «Pero, padre», comienza el hijo, y en eso se queda. Ahora está hablando su madre, aunque nadie sabe exactamente cuándo empezó. Cuenta una complicada historia sobre lo mal que la ha tratado algún vecino. Aunque le toma bastante tiempo, no nos enteramos ni de cómo empezó ni de cómo terminó: todo son detalles intermedios. «Madre, eso no es justo —dice finalmente la hija—. La señora Walker nunca dijo...», pero la voz de su padre vuelve a retumbar. Le está contando a su hijo sobre la organización de la R.A.F. Y así hasta que el vicario o su mujer dicen algo tan absurdo que el hijo o la hija les llevan la contraria e insisten en que se oiga. Por fin se ha llamado a la acción a las verdaderas mentes de los jóvenes. Hablan con intensidad, rapidez y en tono despectivo. Tienen los hechos y la lógica de su lado. Los padres responden. El padre vocifera; la madre (¡oh, bendita jugada de la reina doméstica!) está «herida», lo representa con todo el patetismo que puede. La hija se pone sarcástica. El padre y el hijo, ignorándose entre sí, empiezan a hablar conmigo. El almuerzo es una ruina.

Su recuerdo me atribula durante los últimos minutos del sermón. No me preocupa que la práctica del vicario difiera de su precepto. Eso es, sin duda, lamentable, pero no es nada del otro mundo. Como dijo el doctor Johnson, el precepto puede ser muy sincero (y, añadamos, muy provechoso) cuando la práctica es muy imperfecta,[3] y nadie, salvo un necio, descartaría las advertencias de un médico sobre el envenenamiento por alcohol porque el propio médico tome demasiado. Lo que me preocupa es el hecho de que el vicario no nos diga nada de que la vida en el hogar es difícil y tiene, como toda forma de vida, sus propias tentaciones y corrupciones. Sigue hablando como si el «hogar» fuera una panacea, un amuleto mágico que por sí mismo estuviera destinado a producir felicidad y virtud. El problema no es que no sea sincero, sino que es un necio. No habla desde su experiencia de la vida familiar: está reproduciendo automáticamente una tradición sentimental, y resulta que es una tradición falsa. Por eso los feligreses han dejado de escucharlo.

Si los maestros cristianos desean llamar al pueblo cristiano a la vida del hogar —y yo, por mi parte, creo que debe ser llamado a ella— la primera necesidad es dejar de decir mentiras sobre la vida en familia y sustituirla por una enseñanza realista. Los principios fundamentales podrían ser más o menos así:

1. Desde la Caída, ninguna organización o forma de vida tiene una tendencia natural a ir como debería. En la Edad Media, algunas personas pensaban que solo con entrar en una orden religiosa se convertirían automáticamente en santos y bienaventurados: toda la literatura nacional de la época se hace eco de la exposición de ese error fatal. En el siglo XIX algunos pensaban que la vida de la familia monógama los haría automáticamente santos y felices; la radical literatura antifamiliar de los tiempos modernos —los Samuel Butler, los Goss, los Shaw— les dio la respuesta. En ambos casos, los «desacreditadores» pueden haber estado equivocados en cuanto a los principios y pueden haber olvidado la máxima *abusus non tollit usum*:[4] pero en ambos casos tenían bastante razón en cuanto a los hechos. Tanto la vida familiar como la vida monástica eran a menudo detestables, y hay que notar que los defensores serios de ambas son muy conscientes de sus peligros y no sufren su ilusión sentimental. El autor de la *Imitación de Cristo* sabe (nadie mejor que él) lo fácil que es que la vida

monástica se malogre. Charlotte M. Yonge deja muy claro que la domesticidad no es un pasaporte al cielo en la tierra, sino una ardua vocación: un mar lleno de rocas ocultas y peligrosas costas de hielo donde solo se puede navegar con un mapa celestial. Este es el primer punto en el que debemos ser absolutamente claros. La familia, como la nación, puede serle ofrecida a Dios, puede ser convertida y redimida; entonces se convertirá en el canal de bendiciones y gracias particulares. Pero, como todo lo humano, necesita redención. Si no se le da importancia, solo producirá tentaciones, corrupciones y miserias particulares. La caridad empieza en casa: la falta de caridad, también.

2. Por conversión o santificación de la vida familiar hay que tener cuidado de entender algo más que la conservación del «amor» en el sentido del afecto natural. El amor (en ese sentido) no es suficiente. El afecto, distinto de la caridad, no es causa de felicidad duradera. Si se deja a su inclinación natural, el afecto se acaba volviendo codicioso, insistentemente solícito, celoso, exigente, timorato. Sufre agonía cuando su

objeto está ausente, pero no se ve recompensado por ningún disfrute prolongado cuando está presente. Incluso en la mesa del vicario, el afecto fue en parte la causa de la disputa. Ese hijo habría soportado con paciencia y humor en cualquier otro anciano la tontería que le enfurecía en su padre. Pierde la paciencia porque todavía (de alguna manera) le «importa». La esposa del vicario no sería ese interminable quejido de autocompasión que es ahora si no «amara» (en cierto sentido) a la familia: la continua decepción de su continua y despiadada demanda de simpatía, de afecto, de aprecio ha contribuido a convertirla en lo que es. Me parece que la mayoría de los moralistas populares no prestan suficiente atención a este aspecto del afecto. La codicia por ser amado es algo temible. Algunos de los que dicen (y casi con orgullo) que viven solo por amor llegan, al final, a vivir en un incesante resentimiento.

3. Debemos notar el enorme escollo que supone esa misma característica de la vida hogareña que tan a menudo se presenta como su principal atractivo.

«Es en ella donde nos presentamos como realmente somos: donde podemos dejar de lado los disfraces y ser nosotros mismos». Estas palabras, en boca del vicario, eran demasiado ciertas y él demostró en la mesa del almuerzo lo que significaban. Fuera de su propia casa se comporta con la cortesía ordinaria. No habría interrumpido a ningún otro joven como interrumpió a su hijo. En cualquier otra sociedad no habría dicho, convencido, tonterías sobre temas que desconocía por completo: o, si lo hubiera hecho, habría aceptado la corrección con buen talante. De hecho, valora el hogar como el lugar donde puede «ser él mismo» en el sentido de pisotear todas las restricciones que la humanidad civilizada ha encontrado indispensables para una relación social tolerable. Y esto, creo, es muy común. Lo que distingue principalmente la conversación doméstica de la pública es, sin duda, muy a menudo, su simple y franca grosería. Lo que distingue el comportamiento doméstico es a menudo su egoísmo, su dejadez, su falta de civismo e incluso su brutalidad. A menudo sucederá que quienes alaban con más fuerza la vida del hogar son los peores infractores en este sentido: la alaban —siempre están contentos de llegar a casa, odian el mundo exterior, no soportan las visitas, no se molestan en conocer a la gente, etc.— porque las libertades en las que se complacen en casa han terminado por hacerlos incapaces para la sociedad civilizada. Si practicaran en algún otro lugar el único comportamiento que ahora consideran «natural», serían noqueados sin más.

4. ¿Cómo *deben* comportarse las personas en casa? Si un hombre no puede estar cómodo y despreocupado, no puede descansar y «ser él mismo» en su propia casa, ¿dónde puede? Ese es, lo confieso, el problema. La respuesta es alarmante. *No hay ningún lugar* a este lado del cielo en el que uno pueda ponerle las riendas al caballo sin correr ningún riesgo. Hasta que «nosotros mismos» nos hayamos convertido en hijos de Dios, nunca será lícito simplemente «ser nosotros mismos». Todo está en el himno: «Cristiano, no busques aún el reposo». Esto no significa, por supuesto, que no haya diferencias entre la vida en el hogar y la sociedad en

general. Significa que la vida en el hogar tiene sus propias reglas de cortesía, un código más íntimo, más sutil, más sensible y, por tanto, en cierto modo más difícil, que el del mundo exterior.

5. Por último, ¿no debemos enseñar que si el hogar ha de ser un medio de gracia debe ser un lugar de *reglas*? No puede haber una vida en común sin una *regula*. La alternativa al gobierno no es la libertad, sino la tiranía inconstitucional (y a menudo inconsciente) del miembro más egoísta.

En una palabra, ¿debemos dejar de predicar la vida en familia o más bien empezar a predicarla en serio? ¿No debemos abandonar los elogios sentimentales y empezar a dar consejos prácticos sobre el alto, duro, encantador e intrépido arte de crear la familia cristiana?

1. Royal Air Force.

2. Auxiliary Territorial Service.

3. James Boswell, *Life of Johnson*, ed. George Birkbeck Hill (Oxford, 1934), vol. IV, p. 397 (2 diciembre 1784).

4. «El abuso no deslegitima el uso».

SOBRE CÓMO DIFUNDIMOS LA VIDA DE CRISTO EN NUESTRO INTERIOR

CRISTO SE SOMETIÓ a la rendición y la humillación perfectas: perfectas porque Él era Dios, rendición y humillación porque era un hombre. La creencia cristiana es que si nosotros compartimos de algún modo la humildad y el sufrimiento de Cristo también compartiremos su conquista de la muerte, encontraremos una nueva vida después de muertos y en ella nos haremos criaturas perfectas y perfectamente felices. Esto significa algo mucho más importante que

---

Mero cristianismo, del capítulo titulado
«La conclusión práctica».

intentar seguir sus enseñanzas. La gente a menudo pregunta cuándo tendrá lugar el próximo paso en la evolución del hombre: el paso hacia algo más allá de lo humano. Pero para los cristianos este paso ya ha sido dado. Con Cristo apareció una nueva clase de hombre: y la nueva clase de vida que empezó con Él nos ha de ser dada.

¿Cómo va a suceder esto? Recordad de qué manera adquirimos la vida común y corriente. La derivamos de otros, de nuestro padre y nuestra madre y de todos nuestros ancestros, sin consentimiento nuestro, y a través de un proceso muy curioso que implica placer, dolor y peligro. Un proceso que jamás podríais haber adivinado. La mayoría de nosotros pasamos muchos años de nuestra infancia intentando adivinarlo, y algunos niños, cuando se enteran de ello por primera vez, no se lo creen. Y yo diría que no se lo reprocho, ya que es verdaderamente peculiar. Pues bien, el Dios que dispuso ese proceso es también el Dios que dispone cómo la nueva clase de vida —la vida de Cristo— va a difundirse. Debemos estar preparados para que esto también nos resulte extraño. Él no nos consultó cuando inventó el sexo: tampoco nos ha consultado cuando inventó esto.

Hay tres cosas que difunden la vida de Cristo en nosotros: el bautismo, la creencia, y ese acto misterioso que diferentes cristianos llaman con nombres diferentes: la santa comunión, la misa, la cena del Señor. Al menos esos son los tres métodos más comunes. No estoy diciendo que no pueda haber casos especiales en los que la vida de Cristo sea difundida sin una o más de estas cosas. No tengo tiempo de referirme a los casos especiales, y no sé lo bastante como para hacerlo. Si intentas decirle a un hombre en pocos minutos cómo llegar hasta Edimburgo le hablarás de los trenes; es verdad que puede llegar allí en barco o en avión, pero es poco probable que le hables de ello. Y no estoy diciendo nada acerca de cuál de estas tres cosas es la más esencial. A mi amigo metodista le gustaría que hablase más de la creencia y menos (en proporción) de las otras dos. Pero no voy a adentrarme en estas.

Cualquiera que pretenda enseñar el cristianismo os dirá, de hecho, que utilicéis las tres, y por el momento eso es suficiente para nuestros propósitos.

Yo mismo no puedo entender por qué estas cosas serían los conductores de la nueva clase de vida. Pero, claro, si uno no conociera el proceso, tampoco habría comprendido la conexión entre un placer físico en particular y la aparición de un nuevo ser humano en el mundo. Tenemos que tomar la realidad como se nos presenta: no sirve de nada hablar de cómo debería ser o cómo hubiéramos esperado que fuese. Pero aunque no comprenda por qué debe ser así, puedo deciros por qué creo que es así. He explicado por qué tengo que creer que Jesús era (y es) Dios. Y parece tan claro como un hecho histórico que Él enseñó a sus seguidores que la nueva vida se comunicaba de este modo. En otras palabras: yo lo creo por su autoridad. No dejéis que la palabra autoridad os asuste. Creer cosas por su autoridad solo significa que las creemos porque nos las ha dicho alguien a quien tenemos por digno de confianza. El noventa y nueve por ciento de las cosas que creemos las creemos por autoridad. Yo creo que hay una ciudad llamada Nueva York. No la he visto con mis propios ojos. No podría probar por un razonamiento abstracto que tal ciudad debe de existir. Pero creo que existe porque personas en las que se puede confiar me han dicho que existe. El hombre común cree en el sistema solar, en los átomos, en la evolución y en la circulación de la sangre porque la autoridad de los científicos le dice que estas cosas existen. Todas las afirmaciones históricas del mundo son creídas por su autoridad. Ninguno de nosotros ha vivido la conquista de los normandos o la derrota de la Armada española. Ninguno de nosotros podría demostrarlas por pura lógica como se demuestra una ecuación en matemáticas. Creemos en ellas sencillamente porque personas que sí las vivieron dejaron escritos que hablan de ellas; de hecho, las creemos por su autoridad. Un hombre que desconfiase de la autoridad en otros temas como algunos desconfían de la religión tendría que resignarse a no saber nada en toda su vida.

No creáis que estoy proponiendo el bautismo y la creencia y la comunión como las cosas que bastarán a cambio de vuestros propios intentos de imitar a Cristo. Vuestra vida natural la recibís de vuestros padres; eso no significa que seguirá allí si no hacéis nada por cuidar de ella. Podéis perderla por negligencia, o podéis despreciarla suicidándoos. Tenéis que alimentarla y cuidar de ella, pero recordad siempre que no estáis haciéndola, que solo estáis preservando una vida que obtuvisteis de alguien más. Del mismo modo, un cristiano puede perder la vida de Cristo que le ha sido infundida, y tiene que esforzarse por conservarla. Pero ni siquiera el mejor cristiano que haya vivido nunca actúa por voluntad propia... solo está nutriendo o protegiendo una vida que jamás habría adquirido gracias a sus propios esfuerzos. Y eso tiene consecuencias prácticas. Mientras la vida natural esté en vuestro cuerpo, hará mucho por reparar dicho cuerpo. Heridlo, y hasta cierto punto cicatrizará, lo que un cuerpo muerto no haría. Un cuerpo vivo no es un cuerpo que jamás se lastima, sino un cuerpo que, hasta cierto punto, puede repararse a sí mismo. Del mismo modo, un cristiano no es un hombre que no peca nunca, sino un hombre al que se le ha concedido la capacidad de arrepentirse, levantarse del suelo y empezar de nuevo después de cada tropiezo... porque la vida de Cristo está en su interior, reparándolo en todo momento, permitiéndole que repita (hasta cierto punto) la clase de muerte voluntaria que Cristo mismo llevó a cabo.

De ahí que los cristianos estén en una posición diferente de otras personas que intentan ser buenas. Estas tienen la esperanza de que, siendo buenas, agradarán a Dios, si este existe; o —si creen que no existe— al menos esperan merecer la aprobación de otras personas buenas. Pero los cristianos piensan que cualquier bien que hagan proviene de la vida de Cristo en su interior. No creen que Dios nos amará porque seamos buenos, sino que Dios nos hará buenos porque nos ama, del mismo modo que el tejado de un invernadero no atrae el sol porque es brillante, sino que se vuelve brillante porque el sol brilla sobre él.

Y quiero dejar bien claro que cuando los cristianos dicen que la vida de Cristo está en ellos, no se refieren simplemente a algo mental o moral. Cuando hablan de estar «en Cristo», o de que Cristo está «en ellos», esto no es solo un modo de decir que están pensando en Cristo o imitando a Cristo. Lo que quieren decir es que Cristo está de hecho obrando a través de ellos; que la masa entera de cristianos es el organismo físico a través del cual actúa Cristo; que somos sus dedos y sus músculos, las células de su cuerpo. Y tal vez eso explique un par de cosas. Explica por qué esta vida nueva se propaga no solo por medio de actos mentales como la creencia, sino por actos corporales como el bautismo o la comunión. No es solamente la propagación de una idea; se parece más a la evolución: un hecho biológico o superbiológico. No sirve de nada intentar ser más espiritual que Dios. Dios nunca tuvo intención de que el hombre fuese una criatura puramente espiritual. Por eso precisamente utiliza substancias materiales, como el pan y el vino, para infundirnos esa vida nueva. Tal vez esto nos parezca burdo o poco espiritual, pero a Dios no. Él inventó la comida. Le gusta la materia. Él la inventó.

He aquí otra cosa que solía intrigarme. ¿No parece terriblemente injusto que esta vida nueva esté limitada a las personas que han oído hablar de Cristo y son capaces de creer en Él? Pero la verdad es que Dios no nos ha dicho qué ha dispuesto con respecto a todos los demás. Sabemos que ningún hombre puede salvarse si no es a través de Cristo, pero no sabemos que solo aquellos que le conocen puedan salvarse a través de Él. Pero entretanto, si os preocupan aquellos que han quedado fuera, lo menos razonable que podéis hacer es quedar fuera vosotros. Los cristianos son el Cuerpo de Cristo, el organismo a través del cual Él trabaja. Cualquier adición a ese cuerpo le permite a Él hacer más. Si queréis ayudar a aquellos que están fuera debéis añadir vuestra pequeña célula al Cuerpo de Cristo que es el único que puede ayudarlos. Cortarle los dedos a un hombre sería una extraña manera de hacer que trabajase más.

Otra posible objeción es esta. ¿Por qué Dios desembarca disfrazado en este mundo ocupado por el enemigo e inicia una especie de sociedad secreta para boicotear al demonio? ¿Por qué no desembarca por la fuerza; por qué no lo invade? ¿Es que no es lo bastante fuerte? Bueno, los cristianos creemos que desembarcará por la fuerza, aunque no sabemos cuándo. Pero podemos adivinar por qué está retrasándolo. Quiere darnos la oportunidad de unirnos a su bando libremente. Supongo que ni vosotros ni yo hubiéramos respetado mucho a un francés que hubiese esperado a que los Aliados entrasen en Alemania para anunciar entonces que estaba de nuestro lado. Dios nos invadirá. Pero me pregunto si las personas que le piden que interfiera abierta y directamente en nuestro mundo se dan cuenta realmente de lo que ocurrirá cuando lo haga. Cuando eso suceda, será el fin del mundo. Cuando el autor sube al escenario, la obra ha terminado. Dios va a invadirnos, es verdad, pero ¿de qué servirá decir entonces que estáis de su lado, cuando veáis que el universo natural se difumina a vuestro alrededor como un sueño, y que algo más —algo que os hubiera sido imposible concebir— aparece de pronto; algo tan hermoso para algunos y tan terrible para otros que ninguno de nosotros tendrá la posibilidad de elegir? Pues esta vez será Dios sin su disfraz; algo tan sobrecogedor que inspirará o un amor irresistible o un odio irresistible a todas las criaturas. Entonces será demasiado tarde para elegir un bando u otro. No sirve de nada decir que elegís permanecer acostados cuando se ha hecho imposible que estéis de pie. No será ese el momento de elegir. Será el momento en que descubramos qué bando habíamos elegido realmente, nos hayamos dado cuenta antes o no. Hoy, ahora, en este momento tenemos la posibilidad de elegir el bando adecuado. Dios está esperando para darnos esa posibilidad. Pero su espera no durará para siempre. Debemos aceptarlo o rechazarlo.

SOBRE LO QUE SIGNIFICA DECIR «VIVIR ES CRISTO»

HAY TRES CLASES de personas en el mundo. La primera es la de los que viven simplemente para su propio beneficio y placer, considerando al hombre y a la naturaleza como materia prima a la que darle una forma que les sirva. En la segunda clase se encuentran aquellos que reconocen alguna otra vindicación sobre ellos —la voluntad de Dios, el imperativo categórico o el bien de la sociedad— y tratan honestamente de perseguir sus propios intereses no más allá de lo que esta vindicación permite. Intentan entregarse a la

---

Present Concerns, del capítulo titulado
«Three Kind of Men».

demanda superior en la medida en que esta lo exija, como las personas que pagan un impuesto, pero esperan, como los demás contribuyentes, que lo que les quede sea suficiente para vivir. Su vida se reparte, como la de un soldado o la de un escolar, en tiempo «en el desfile» y «fuera del desfile», «en la escuela» y «fuera de la escuela». Pero la tercera clase es la de aquellos que pueden decir, como san Pablo, que para ellos «vivir es Cristo».[1] Estas personas se han librado de la fastidiosa tarea de ajustar las vindicaciones enfrentadas del Yo y de Dios por el simple rechazo de todas las vindicaciones del Yo. La vieja voluntad egoísta se ha vuelto del revés, se ha reacondicionado y se ha convertido en algo nuevo. La voluntad de Cristo ya no limita la de ellos; es la de ellos. Todo su tiempo, al pertenecerle a Él, les pertenece también a ellos, pues son de Él.

Y, dado que hay tres clases, cualquier división meramente dual del mundo en buenos y malos es

1. Filipenses 1:21.

desastrosa. Pasa por alto el hecho de que los miembros de la segunda clase (a la que pertenecemos la mayoría) son siempre y necesariamente infelices. De hecho, el impuesto que la conciencia moral impone a nuestros deseos no nos deja suficiente para vivir. Mientras estemos en esta clase deberemos sentir culpa por no haber pagado el impuesto, o miseria por haberlo hecho. La doctrina cristiana de que no hay «salvación» por las obras realizadas según la ley moral es un hecho de la experiencia diaria. Debemos ir adelante o hacia atrás. Pero no se puede seguir adelante con nuestros propios esfuerzos. Si el nuevo Yo, la nueva Voluntad, no viene, a merced de Dios, a nacer en nosotros, no podemos producirlo sintéticamente.

El precio de Cristo es algo, en cierto modo, mucho más fácil que el esfuerzo moral: es quererlo. Es cierto que el querer en sí estaría fuera de nuestro alcance si no fuera por un hecho. El mundo está hecho de tal manera que, para ayudarnos a desertar de nuestras propias satisfacciones, estas nos abandonan. La guerra y los problemas, y finalmente la vejez, nos arrebatan una a una todas las cosas que el Yo natural esperaba cuando se estableció. Nuestra única sabiduría es el ruego, y la necesidad al final nos facilita ser suplicantes. Incluso en esos términos, la Misericordia nos recibirá.

SOBRE EL ARTE CRISTIANO
DE ALCANZAR LA GLORIA

SI HOY PREGUNTASEN a veinte buenos hombres cuál piensan ellos que es la mayor de las virtudes, diecinueve responderían que la abnegación. Pero si les hubieran preguntado a prácticamente cualquiera de los grandes cristianos de antaño, habrían respondido que el amor. ¿Ven lo que ha ocurrido? Se ha sustituido un término negativo por uno positivo, y esto tiene más importancia que la filológica. La idea negativa de la abnegación no entraña principalmente la sugerencia de asegurar buenas cosas para los demás, sino de

El peso de la gloria, del capítulo titulado
«El peso de la gloria».

prescindir de ellas nosotros mismos, como si nuestra abstinencia y no su felicidad fuera lo importante. No creo que esto sea la virtud cristiana del amor. El Nuevo Testamento tiene mucho que decir acerca del sacrificio, pero no acerca del sacrificio como un fin en sí mismo. Se nos dice que nos neguemos a nosotros mismos y tomemos nuestra cruz para que podamos seguir a Cristo; y casi cada descripción de lo que finalmente encontraremos si lo hacemos contiene un llamamiento al deseo. Si persiste en gran parte de las mentes modernas la idea de que desear nuestro propio bien y esperar fervientemente el placer es algo malo, yo planteo que esa idea se ha introducido sigilosamente desde Kant y los estoicos y no es parte de la fe cristiana. De hecho, si consideramos las claras promesas de recompensa y la asombrosa naturaleza de las recompensas prometidas en los Evangelios, parecería que nuestro Señor encuentra nuestros deseos no demasiado fuertes, sino demasiado débiles. Somos criaturas asustadizas que pierden el tiempo con la bebida, el sexo y la ambición cuando se nos está ofreciendo una alegría infinita, como un niño ignorante que quiere seguir jugando con el barro en los suburbios porque no se puede imaginar lo que significa el ofrecimiento de unas vacaciones junto al mar. Nos quedamos contentos con demasiada facilidad.

No deberíamos inquietarnos por los no creyentes cuando dicen que esta promesa de recompensa hace de la vida cristiana una cuestión mercenaria. Existen diferentes clases de recompensas. Está la recompensa que no tiene conexión natural con lo que tú hagas para ganarla y es bastante externa a los deseos que deberían acompañar tales cosas. El dinero no es la recompensa natural del amor; por esa razón llamamos a un hombre mercenario si se casa con una mujer por su dinero. Pero el matrimonio es la recompensa adecuada para un amante real, y no es un mercenario por desearlo. Un general que pelea bien con la intención de obtener un título es un mercenario; un general que lucha por la victoria no lo es, pues la victoria es la recompensa adecuada de la batalla, igual que el matrimonio es la recompensa adecuada del amor. Las recompensas adecuadas no se añaden simplemente a la actividad por la que se entregan, sino que son la consumación de la actividad en sí misma. También hay un tercer caso, que es más complicado. El disfrute de la poesía griega sin duda es una recompensa adecuada, y no mercenaria, de aprender griego; pero solo aquellos que han llegado a la fase de disfrutar de la poesía griega pueden decir por experiencia propia que esto es así. El alumno que comienza con la gramática griega no puede esperar con impaciencia a su disfrute adulto de Sófocles del mismo modo que un amante ansía el matrimonio o un general la victoria. Tiene que comenzar trabajando por las calificaciones, o para escapar del castigo, o para complacer a sus padres o, en el mejor de los casos, con la esperanza de un buen futuro que en el presente no puede imaginar o desear. Su posición, por lo tanto, conlleva cierto parecido con la del mercenario; la recompensa que obtendrá será, de hecho, una recompensa natural o adecuada, pero él no lo sabrá hasta que la reciba. Por supuesto, la obtiene gradualmente; el placer se va imponiendo poco a poco a la mera monotonía, y nadie podría señalar el día o la hora en que una cesó y el otro comenzó. Pero solo en la medida en que se acerca a la recompensa se vuelve capaz de desearla por su propio bien; de hecho, la capacidad de desearla es en sí misma una recompensa preliminar.

En relación con el cielo, el cristiano está en gran medida en la misma posición que este alumno. Aquellos que han alcanzado la vida eterna y el ver a Dios sin duda saben muy bien que no es un simple soborno, sino la propia consumación de su discipulado terrenal; pero aquellos de nosotros que aún no la hemos alcanzado no podemos saberlo del mismo modo, y ni siquiera podemos comenzar a conocerla, excepto al continuar obedeciendo y encontrando la primera recompensa de nuestra obediencia en nuestra capacidad cada vez mayor de desear la recompensa definitiva. Solo en la proporción en que crezca el deseo, nuestro temor de que sea un deseo mercenario se irá apagando y finalmente se reconocerá como algo absurdo. Pero es posible que, para la mayoría de nosotros, esto no ocurra en un solo día; la poesía reemplaza a la gramática, el evangelio reemplaza a la ley, el anhelo transforma la obediencia, con la misma gradualidad con que la marea eleva un barco anclado.

Pero hay otra similitud importante entre el alumno y nosotros. Si es un chico imaginativo, disfrutará, con bastante probabilidad, de los poetas y romanceros ingleses adecuados para su edad algún tiempo antes de que comience a sospechar que la gramática griega va a conducirle a más y más placeres de esta misma clase. Puede que incluso descuide su griego para leer a Shelley y Swinburne en secreto. En otras palabras, el deseo de que el griego realmente le va a gratificar ya existe en él y se adhiere a objetivos que a él le parecen bastante desconectados de Jenofonte y los verbos en $\mu\iota$. Ahora bien, si hemos sido hechos para el cielo, el deseo por nuestro lugar correcto ya estará en nosotros, pero aún no conectado con el objetivo real, e incluso aparecerá como el rival de ese objetivo. Y esto, creo yo, es justo lo que nos encontramos.

Sin duda hay un punto en el que mi analogía del alumno se viene abajo. La poesía inglesa que él lee cuando debería estar haciendo ejercicios de griego quizá sea igual de buena que la poesía griega hacia la que le conducen los ejercicios, así que al fijarse en Milton en vez de dirigirse hacia Esquilo su deseo no está abrazando un objetivo falso. Pero nuestro caso es muy diferente. Si nuestro destino real es un bien transtemporal y transfinito, cualquier otro bien en el cual se fije nuestro deseo debe ser en algún grado falaz, debe tener a lo sumo solo una relación simbólica con aquello que sí satisfará de verdad.

Al hablar de este deseo por nuestra lejana patria, el cual encontramos en nosotros incluso ahora, siento cierto pudor. Casi estoy cometiendo una indecencia. Estoy tratando de desvelar un secreto inconsolable en cada uno de ustedes: un secreto que duele tanto que uno toma su venganza de él llamándolo por nombres como nostalgia, romanticismo y adolescencia; un secreto que también nos atraviesa con tanta dulzura que, cuando en una conversación muy íntima su mención se vuelve inminente, nos incomodamos y nos provoca la risa; un secreto que no podemos esconder y que no podemos contar, aunque deseáramos hacer ambas cosas. No podemos contarlo porque es un deseo de algo que realmente nunca se ha presentado en nuestra experiencia. No podemos esconderlo porque nuestra experiencia lo sugiere constantemente, y nos delatamos igual que unos amantes a la mención de un nombre. Nuestro recurso más común es llamarlo belleza y comportarnos como si eso hubiera resuelto la cuestión. El recurso de Wordsworth era identificarlo con ciertos momentos de su propio pasado. Pero todo esto es una trampa. Si Wordsworth hubiera regresado a aquellos momentos de su pasado, no se hubiera encontrado con ello, sino solo con su recuerdo; lo que él recordaba hubiera resultado ser un recuerdo en sí mismo. Los libros o la música en donde nosotros pensamos que se localizaba la belleza nos traicionarían si confiáramos en ellos; no estaba *en* ellos, solo nos llegaba *a través de* ellos, y lo que nos llegó por medio de ellos era la nostalgia. Estas cosas —la belleza, la memoria de nuestro pasado— son buenas imágenes de lo que realmente deseamos; pero si se confunden con ello, resultan ser ídolos mudos que rompen el corazón de sus adoradores. Porque no son esa cosa en sí; solo son el aroma de una flor que no hemos encontrado, el eco de una melodía que no hemos escuchado, noticias de un país que aún no hemos visitado. ¿Creen que estoy tratando de tejer un hechizo? Tal vez lo esté; pero recuerden los cuentos de hadas. Los hechizos se usan para romper encantamientos del mismo modo que para producirlos. Y ustedes y yo hemos necesitado el hechizo más poderoso que se puede encontrar para despertarnos del malvado encantamiento de la mundanalidad que se ha extendido sobre nosotros durante casi cien años. Casi toda nuestra educación ha estado dirigida a silenciar esta tímida y persistente voz interior; casi todas nuestras filosofías modernas han sido concebidas para convencernos de que el bien del hombre se puede encontrar en esta tierra. Y aun así es algo extraordinario que tales filosofías del progreso o de la evolución teísta den un testimonio reticente de la verdad de que nuestro objetivo real está en otro lugar. Cuando quieran convencerlos de que la tierra es su hogar, fíjense en cómo lo afirman. Comienzan intentando persuadirles de que la tierra se puede convertir en el cielo, haciendo así una concesión a su sentimiento de exilio en la tierra tal y como es. Después, les dicen que este feliz suceso está en un futuro bastante lejano, haciendo así una concesión a su conocimiento de que la patria no está aquí ni ahora. Finalmente, a menos que su anhelo por lo transtemporal despierte y arruine toda la cuestión, usan cualquier retórica que tengan a mano para apartar de su mente el recuerdo de que, aunque toda la felicidad que prometen pudiera dársele al hombre en la tierra, aun así, cada generación la perdería con la muerte, incluyendo la última generación de todas, y toda la historia se quedaría en nada, ni siquiera en una historia, por siempre jamás. He aquí todo el sinsentido que el señor Shaw coloca en el discurso final de Lilith, y la observación de Bergson de que el *élan vital* es capaz de superar todos los obstáculos, tal vez incluso la muerte: como si pudiéramos creer que cualquier desarrollo social o biológico en este planeta retrasará la senilidad del sol o invertirá la segunda ley de la termodinámica.

Hagan lo que hagan, pues, nosotros seguiremos siendo conscientes de un deseo que ninguna felicidad natural satisfará. ¿Pero hay alguna razón para suponer que la realidad ofrece alguna satisfacción? «Tampoco el tener hambre demuestra que vayamos a tener pan». Pero creo que podemos señalar en seguida que esta afirmación yerra el blanco. El hambre física de un hombre no prueba que ese hombre conseguirá pan; puede que muera de inanición en una balsa en el Atlántico. Pero no hay duda de que el hambre de un hombre sí prueba que viene de una raza que repara su cuerpo comiendo y habita un mundo donde existen sustancias comestibles. Del mismo modo, aunque no creo (desearía hacerlo) que mi deseo por el paraíso pruebe que lo disfrutaré, pienso que es una indicación bastante buena de que existe tal cosa y de que algunos hombres lo disfrutarán. Un hombre puede amar a una mujer y no conseguirla; pero sería muy extraño que el fenómeno conocido como «enamoramiento» ocurriese en un mundo asexual.

Aquí, pues, el deseo es aún errante e incierto acerca de su objetivo y todavía incapaz, en gran medida, de verlo en la dirección donde realmente se ubica. Nuestros libros sagrados nos dan alguna cuenta del objetivo. Es, por supuesto, una cuenta simbólica. El cielo está, por definición, fuera de nuestra experiencia, pero todas las descripciones inteligibles deben girar en torno a aspectos que estén dentro de nuestra experiencia. La imagen bíblica del cielo es, por tanto, tan simbólica como la imagen que nuestro deseo, sin ayuda, inventa por sí mismo; en realidad, el cielo no está lleno de joyas, igual que tampoco consiste en la belleza de la naturaleza o una bella pieza de música. La diferencia es que la simbología bíblica tiene autoridad. Llega a nosotros desde escritores que estuvieron más cerca de Dios que nosotros, y ha resistido la prueba de la experiencia cristiana a lo largo de los siglos. El encanto natural de esta simbología autoritativa me resulta, de primeras, muy pequeño. A primera vista enfría, en vez de despertar, mi deseo. Y eso es justo lo que debo esperar. Si el cristianismo no pudiera decirme más de la lejana tierra de lo que mi propio temperamento me llevó ya a suponer, no sería más grande que yo mismo. Si tiene más que darme, espero que sea inmediatamente menos atractivo que «mis propias cosas». En un primer momento, Sófocles parece aburrido y frío al chico que solo ha llegado hasta Shelley. Si nuestra religión es algo objetivo, nunca deberemos desviar nuestros ojos de aquellos elementos que haya en ella que parezcan desconcertantes o repelentes; porque es precisamente lo desconcertante o lo repelente lo que encubre aquello que aún no sabemos y necesitamos saber.

A grandes rasgos, las promesas de las Escrituras pueden reducirse, simplificando mucho, a cinco enunciados. Se promete (1) que estaremos con Cristo; (2) que seremos como Él; (3) con una enorme riqueza de imágenes, que tendremos «gloria»; (4) que, en algún sentido, se nos dará de comer, se nos hará un banquete o se nos recibirá como invitados; y (5) que tendremos alguna clase de posición oficial en el universo: gobernando ciudades, juzgando ángeles, siendo pilares del templo de Dios. La primera pregunta que hago acerca de estas promesas es: «Teniendo la primera, ¿por qué han de existir las demás? ¿Acaso se puede añadir algo al concepto de estar con Cristo?». Debe ser cierto, como dice un viejo escritor, que aquel que tiene a Dios y todo lo demás no tiene nada más que aquel que tiene solo a Dios. Creo que la respuesta gira de nuevo en torno a la naturaleza de los símbolos. Aunque quizá pase inadvertido a primera vista, es cierto que cualquier concepto de estar con Cristo que la mayoría de nosotros podamos formarnos ahora no será mucho menos simbólico que otras promesas; porque nos traerá ideas de proximidad en el espacio y una conversación cariñosa tal y como ahora entendemos una conversación, y probablemente se centrará en la humanidad de Cristo con la exclusión de su deidad. Y, en efecto, encontramos que aquellos cristianos que solo se ocupan de esta primera promesa siempre la rellenan con simbología muy terrenal: de hecho, con imágenes nupciales o eróticas. No estoy, ni por un momento, condenando dicha imaginería. Desearía de todo corazón poder adentrarme en ella con más profundidad que como lo hago, y ruego por hacerlo aún. Pero lo que quiero decir es que incluso esto es solamente un símbolo; es como la realidad en algunos sentidos, pero es diferente a ella en otros. Por tanto, necesita corrección por parte de los diferentes símbolos de otras promesas. La diferencia de las promesas no significa que nuestra dicha definitiva vaya a ser otra cosa que Dios; pero, puesto que Dios es más que una Persona, y para que no imaginemos el gozo de su presencia exclusivamente en términos de nuestra pobre experiencia presente de amor personal, con toda su estrechez, sus presiones y monotonía, se nos da un puñado de imágenes cambiantes, que se corrigen y se relevan unas a otras.

Me referiré ahora a la idea de la gloria. No se puede negar que esta idea es muy prominente en el Nuevo Testamento y en los primeros escritos cristianos. La salvación está asociada constantemente a palmas, coronas, vestiduras blancas, tronos y esplendor como el sol y las estrellas. De primeras, nada de eso me atrae en absoluto, y a este respecto imagino que soy un típico hombre de hoy. La gloria me sugiere dos ideas, de las cuales una me parece escandalosa y la otra, ridícula. Para mí, la gloria significa fama o significa luminosidad. En cuanto a la primera, puesto que ser famoso significa ser más conocido que otra gente, el deseo de fama se me presenta como una pasión competitiva y por lo tanto más propia del infierno que del cielo. En cuanto a la segunda, ¿quién desea convertirse en una especie de bombilla viviente?

Cuando comencé a investigar esta cuestión quedé impresionado al descubrir a cristianos tan diferentes como Milton, Johnson y Tomás de Aquino tomando la gloria celestial con toda franqueza en el sentido de fama o buena reputación. Pero no fama concedida por nuestras criaturas hermanas, sino fama con Dios, aprobación o (debería decir) «valoración» de parte de Dios. Y entonces, después de haber pensado, vi que esta visión era bíblica; nada puede eliminar de la parábola el *elogio* divino: «Bien, buen siervo y fiel». Con esto, buena parte de lo que había estado pensando toda mi vida se desmoronó como un castillo de naipes. De repente recordé que nadie puede entrar en el cielo si no es como un niño; y nada es tan obvio en un niño —no en uno engreído, sino en uno bueno— como su enorme e indisimulado placer en ser elogiado. Y ni siquiera es exclusivo de un niño, lo vemos incluso en un perro o un caballo. Aparentemente, lo que yo había malinterpretado como humildad me había apartado todos aquellos años de entender cuál es de hecho el más humilde, el más infantil, el más humano de los placeres: el placer específico del inferior, el placer de una bestia ante el hombre, de un niño ante su padre, de un alumno ante su profesor, de una criatura ante su Creador. No me olvido de lo horriblemente parodiado que es este deseo inocentísimo en nuestras ambiciones humanas, o lo rápido que, en mi experiencia, el legítimo placer de la alabanza de aquellos a quienes es mi deber complacer se convierte en el veneno mortal de la autoadmiración. Pero pensé que podría percibir un momento —un momento muy muy corto— antes de que esto ocurriese, durante el cual la satisfacción de haber complacido a aquellos a quienes con razón amé y con razón temí fuera pura. Y esto es suficiente para elevar nuestros pensamientos a lo que quizá ocurra cuando el alma redimida, más allá de toda esperanza y casi más allá de la fe, descubra al final que ha complacido a Aquel por quien fue creada para complacerle. No habrá espacio entonces para la vanidad. Será libre de la miserable ilusión de que es mérito propio. Sin un atisbo de lo que ahora llamaríamos autocomplacencia, se alegrará con toda inocencia en aquello que Dios ha hecho que sea, y en el momento en que sane su viejo complejo de inferioridad para siempre hundirá también su orgullo más profundamente que el libro de Próspero. La humildad perfecta deja de lado la modestia. Si Dios está satisfecho con la obra, la obra estará satisfecha consigo misma; «no le corresponde a ella intercambiar cumplidos con su Soberano». Puedo imaginar a alguien diciendo que le disgusta mi idea del cielo como un lugar donde se nos da una palmadita en la espalda. Pero detrás de esa aversión hay un orgullo malentendido. Al final, ese Rostro que es el deleite o el terror del universo deberá volverse sobre cada uno de nosotros con una expresión o con otra, o concediéndonos una gloria inefable o infligiéndonos una vergüenza que nunca podremos aliviar ni disimular. Leí en una revista el otro día que lo fundamental es lo que pensamos acerca de Dios. ¡Válgame el Cielo! ¡No! No es que sea más importante lo que piensa Dios de nosotros, es que es infinitamente más importante. De hecho, nuestros pensamientos sobre Él no tienen ninguna importancia, salvo en la medida en que eso tiene que ver con lo que Él piensa en cuanto a nosotros. Se ha escrito que debemos «presentarnos ante» Él, comparecer, ser inspeccionados. La promesa de la gloria es la promesa, casi increíble y solo posible por la obra de Cristo, de que algunos de nosotros, cualquiera de nosotros a los que realmente elige, en verdad sobreviviremos a ese examen, seremos aprobados, complaceremos a Dios.

Complacer a Dios… ser un ingrediente real de la felicidad divina… ser amado por Dios, no solamente objeto de su misericordia, sino objeto de su disfrute, como el de un artista que disfruta de su obra o el de un padre con respecto a su hijo: parece imposible, un peso o una carga de gloria que nuestro pensamiento a duras penas puede sostener. Pero así es.

Y ahora fíjense en lo que está pasando. Si hubiera rechazado la imagen autoritativa y bíblica de la gloria y me hubiera quedado estancado obstinadamente en el vago deseo que era, en un principio, mi único indicador que señalaba al cielo, no hubiera visto ninguna conexión en absoluto entre ese deseo y la promesa cristiana. Pero ahora, después de haber investigado lo que parecía desconcertante y repelente en los libros sagrados, descubro, para mi grata sorpresa, echando la vista atrás, que la conexión es perfectamente clara. La gloria, tal como me enseña a esperarla el cristianismo, resulta adecuada para satisfacer mi deseo original y, de hecho, para revelar un elemento de ese deseo del que no me había percatado. Al dejar de considerar por un momento mis propios anhelos, he comenzado a descubrir mejor qué anhelaba realmente. Cuando intenté hace unos minutos describir nuestras añoranzas espirituales, estaba omitiendo una de sus características más curiosas. Normalmente la observamos en el mismo momento en que la visión se desvanece, cuando la música termina o el paisaje pierde la luz celestial. Lo que sentimos entonces ha sido bien descrito por Keats como «el viaje hacia la patria, al interior familiar del yo». Ya saben a lo que me refiero. Durante unos minutos hemos tenido la ilusión de pertenecer a ese mundo. Ahora nos despertamos para encontrarnos con que no existe tal cosa. Hemos sido meros espectadores.

La belleza ha sonreído, pero no para recibirnos; su cara se ha girado en nuestra dirección, pero no para mirarnos. No hemos sido aceptados, bienvenidos ni sacados a bailar. Podemos irnos si nos parece, podemos quedarnos si queremos: «Nadie nos señala». Quizá un científico pueda responder que, como la mayoría de cosas que llamamos bellas son inanimadas, no es de extrañar que no se percaten de nosotros. Eso, por supuesto, es verdad. No es de los objetos físicos de lo que estoy hablando, sino de ese algo indescriptible de lo cual se convierten en mensajeros por un momento. Y parte de la amargura que se mezcla con la dulzura de ese mensaje se debe al hecho de que esto rara vez parece ser un mensaje que nosotros entendamos, sino más bien algo que hemos escuchado por casualidad. Por amargura me refiero a dolor, no a resentimiento. Difícilmente nos atreveríamos a pedir que nos hicieran caso. Pero lo anhelamos. La sensación de que somos tratados como extranjeros en este universo, el deseo de ser reconocidos, de encontrarnos con alguna respuesta, de llenar un abismo que se abre entre nosotros y la realidad, es parte de nuestro secreto inconsolable. Y, con toda seguridad, desde este punto de vista, la promesa de la gloria, en el sentido descrito, se convierte en algo muy relevante para nuestro profundo deseo. Porque la gloria significa buen nombre ante Dios, aceptación de Dios, respuesta, reconocimiento y bienvenida al corazón de las cosas.

La puerta a la que hemos estado llamando toda nuestra vida al fin se abrirá.

Tal vez parece bastante tosco describir la gloria como el hecho de ser «percibidos» por Dios. Pero ese es prácticamente el lenguaje del Nuevo Testamento. San Pablo no promete a aquellos que aman a Dios, como se esperaría, que le conocerán, sino que serán conocidos por Él (1 Corintios 8:3). Es una extraña promesa. ¿Acaso no conoce Dios todas las cosas en todo momento? Sin embargo, esta misma idea reverbera de manera tremenda en otro pasaje del Nuevo Testamento. En él se nos advierte de la posibilidad para cualquiera de nosotros de presentarnos al final frente al rostro de Dios y escuchar solo las terribles palabras: «Nunca os conocí; apartaos de mí». En cierto sentido, tan incomprensible al intelecto como insoportable a los sentimientos, podemos ser desterrados de la presencia de Aquel que está presente en todas partes y borrados del conocimiento de Aquel que lo conoce todo. Podemos ser dejados *afuera* de forma total y absoluta: rechazados, exiliados, apartados, ignorados de manera definitiva y horrible. Por otro lado, se nos puede llamar, acoger, recibir, reconocer. Caminamos cada día en el filo de la navaja entre estas dos posibilidades increíbles. Aparentemente, pues, nuestra eterna nostalgia, nuestro deseo de que se nos reúna en el universo con algo de lo que ahora nos sentimos arrancados, de estar en el lado interior de alguna puerta que siempre hemos observado desde el exterior, no es una simple fantasía neurótica, sino el indicador más verdadero de nuestra situación real. Y que al fin se nos convoque adentro sería tanto una gloria y un honor superiores a nuestros méritos como también la sanación de ese viejo dolor.

Y esto me trae al otro sentido de gloria: gloria como brillo, esplendor, luminosidad. Estamos destinados a brillar como el sol, a que se nos entregue el lucero de la mañana. Creo que comienzo a entender lo que significa. Por un lado, por supuesto, Dios ya nos ha dado el lucero de la mañana: pueden ir a disfrutar del regalo muchas hermosas mañanas si se levantan lo suficientemente temprano. ¿Qué más querríamos?, se pueden preguntar. Ah, pero queremos mucho más: algo de lo que se aperciben poco los libros de estética, aunque los poetas y las mitologías lo saben todo de ello. No queremos simplemente *ver* la belleza, aunque, bien lo sabe Dios, incluso eso es suficiente recompensa. Queremos algo más que difícilmente podemos explicar con palabras: unirnos con la belleza que vemos, bañarnos en ella, ser parte de ella. Por eso hemos poblado el aire, la tierra y el agua de dioses, diosas, ninfas y elfos; aunque nosotros no podamos, estas proyecciones pueden disfrutar en sí mismas de esa belleza, esa gracia y ese poder del cual es imagen la naturaleza. Por esta razón los poetas nos cuentan falsedades tan encantadoras. Ellos hablan como si realmente el viento del oeste pudiera introducirse en un alma humana; pero no puede. Nos dicen que «la belleza nacida de un sonido susurrante» puede atravesar un rostro humano; pero no lo hará. O no todavía. Porque si tomamos con seriedad la imaginería de las Escrituras, si creemos que Dios un día nos *dará* el lucero de la mañana y hará que nos *revistamos* del esplendor del sol, entonces debemos suponer que tanto los mitos ancestrales como la poesía moderna, tan falsos como la historia, pueden estar muy cerca de la verdad como profecías. En el presente estamos a las afueras del mundo, del lado equivocado de la puerta. Discernimos el frescor y la pureza de la mañana, pero esta no nos refresca ni purifica. No podemos mezclarnos con el esplendor que vemos. No obstante, todas las hojas del Nuevo Testamento susurran el rumor de que no será siempre así. Algún día, Dios lo quiera, *entraremos*. Cuando las almas humanas se hayan perfeccionado en voluntaria obediencia igual que la creación inanimada lo hace en su inerte obediencia, entonces se nos revestirá de su gloria o, mejor dicho, de esa gloria mayor de la cual la naturaleza no es más que el primer esbozo. No deben pensar ustedes que les estoy presentando ninguna fantasía pagana de ser absorbido por la naturaleza. La naturaleza es mortal; nosotros la sobreviviremos. Cuando todos los soles y nebulosas fallezcan, cada uno de ustedes seguirá vivo.

La naturaleza solo es la imagen, el símbolo; pero es el símbolo que las Escrituras me invitan a usar. Se nos convoca a traspasar la naturaleza, ir más allá de ella hacia el esplendor que refleja intermitentemente.

En aquel lugar, más allá de la naturaleza, comeremos del árbol de la vida. En el presente, si hemos renacido en Cristo, el espíritu que hay en nosotros vive directamente en Dios; pero la mente y, aún más, el cuerpo reciben vida de Él de una manera que dista mucho de esa: por medio de nuestros antecesores, de nuestra comida, de los elementos. Los débiles y lejanos resultados de estas energías que el éxtasis creativo de Dios implantó en la materia cuando creó los mundos son lo que ahora llamamos placeres físicos; y, aun filtrados de este modo, son demasiado para que podamos gestionarlos en el presente. ¿Cómo sería saborear en su origen ese torrente del que incluso estos meandros inferiores resultan tan embriagadores? El hombre en su plenitud está llamado a beber gozo de la fuente del gozo. Como dijo san Agustín, el éxtasis del alma salvada «rebosará» el cuerpo glorificado. A la luz de nuestros apetitos presentes, especializados y depravados, no podemos imaginar este *torrens voluptatis*, y aconsejo seriamente a todo el mundo que no lo intente. Pero hay que mencionarlo, para expulsar pensamientos aún más engañosos, pensamientos de que lo que se salva no es más que un mero fantasma, o de que el cuerpo resucitado vive en una entumecida insensibilidad. El cuerpo fue hecho para el Señor, y esas sombrías fantasías están lejos del blanco.

Mientras tanto, la cruz precede a la corona y mañana es la mañana de un lunes. Se ha abierto una grieta en los implacables muros del mundo y se nos invita a seguir a nuestro gran Capitán hacia el interior. Seguirle a Él es, por supuesto, lo esencial. Siendo así, se puede preguntar qué uso práctico existe en las especulaciones a las que he estado dando rienda suelta. Puedo pensar al menos en un uso. Puede que sea posible para alguien pensar demasiado en su potencial gloria venidera; difícilmente sería posible que esa persona pensase a menudo o en profundidad en la de su prójimo. La carga, o el peso, o el lastre de la gloria de mi prójimo debería descansar sobre mi espalda, una carga tan pesada que solamente podría soportarla la humildad, y las espaldas de los orgullosos se romperían. Es algo serio vivir en una sociedad de posibles dioses y diosas, recordar que la persona más embrutecida y menos interesante con la que puedas hablar quizá un día sea una criatura a la cual, si la vieras ahora, te sentirías fuertemente tentado a adorar; o, por otro lado, sería un horror y una corrupción tal que ahora solo te la encontrarías, en todo caso, en una pesadilla. Todos los días, en algún grado, nos ayudamos los unos a los otros a encaminarnos hacia uno u otro de estos destinos. Es a la luz de estas sobrecogedoras posibilidades, con el asombro y la circunspección adecuados, como deberíamos conducirnos en todas nuestras relaciones con los demás, en todas las amistades, amores, juegos y actitudes políticas. No existe la gente *corriente*. Nunca has hablado con un simple mortal. Las naciones, culturas, artes, civilizaciones… ellas sí son mortales, y su vida es a la nuestra como la vida de un mosquito.

Son inmortales aquellos con los que bromeamos, con los que trabajamos, nos casamos, nos desairamos y de quienes nos aprovechamos: horrores inmortales o esplendores eternos. Esto no significa que debamos vivir en constante solemnidad. Debemos divertirnos. Pero nuestro regocijo debe ser de esa clase (y esta es, de hecho, la clase más alegre) que se da en las personas que se han tomado en serio entre sí desde el principio: sin frivolidad, sin superioridad, sin presunción. Y nuestra caridad debe ser un amor real y costoso, con una profunda impresión ante los pecados a pesar de los cuales amamos al pecador: no mera tolerancia, ni una indulgencia que parodia el amor igual que la frivolidad parodia el gozo. Junto al Bendito Sacramento en sí, su prójimo es el objeto más sagrado presentado ante sus sentidos. Si es su prójimo cristiano, es santo casi del mismo modo, porque en él se esconde realmente, *vere latitat*, Cristo: el que glorifica y el glorificado, la Gloria misma.

SOBRE NO SENTIRSE AMENAZADO CUANDO EL CRISTIANISMO SE MANTIENE SIN CAMBIOS MIENTRAS LA CIENCIA Y EL CONOCIMIENTO PROGRESAN

DONDEQUIERA QUE HAY verdadero progreso del conocimiento, hay algún conocimiento que no es sustituido. En realidad, la misma posibilidad de progreso exige que haya un elemento inalterable. Nuevos odres para el vino nuevo, por supuesto, pero no nuevos paladares, ni nuevas gargantas, ni nuevos estómagos, o dejaría de ser para nosotros

---

Dios en el banquillo, del capítulo titulado
«El dogma y el universo».

«vino» en absoluto. Supongo que convendremos en encontrar este tipo de elemento inalterable en las reglas elementales de la matemática. Y añadiría los principios fundamentales de la moral. Y también las doctrinas fundamentales del cristianismo. Yo afirmo, expresado en un lenguaje más técnico, que las afirmaciones históricas positivas hechas por el cristianismo tienen la virtud de recibir sin cambios intrínsecos la creciente complejidad de significado que el desarrollo del conocimiento introduce en ellas.

Por ejemplo, puede ser verdad, aunque yo no lo creo ni por un momento, que cuando el Credo de Nicea dice «bajó del cielo», el escritor tuviera presente un movimiento local desde un cielo local hasta la superficie de la tierra, como el descenso de un paracaídas. Desde entonces otros pueden haber rechazado por completo la idea de un cielo espacial. Pero ni la importancia ni la credibilidad de lo que se afirma parece ser afectada lo más mínimo por el cambio. En cualquiera de los dos casos, la cosa es milagrosa. En ambos son superfluas las imágenes mentales que acompañan el acto de creencia. Cuando un converso de África Central y un especialista de Harley Street afirman que Cristo resucitó de la muerte, hay, sin duda, una gran diferencia entre los pensamientos del uno y del otro. Para uno, es suficiente la sencilla imagen de un cuerpo muerto levantándose. El otro puede pensar en toda una serie de procesos bioquímicos y físicos que comienza a obrar en dirección contraria. El médico sabe por experiencia que esos procesos no han funcionado nunca en dirección contraria, y el africano sabe que los cuerpos muertos no se levantan ni andan. Los dos se enfrentan con el milagro y los dos lo saben. Si ambos piensan que los milagros son imposibles, la única diferencia entre los dos será que el médico expondrá la imposibilidad con más lujo de detalles y hará una glosa elaborada de la sencilla afirmación de que los muertos no pasean. Si los dos creen en los milagros, todo lo que el médico diga se limitará a analizar y explicar las palabras «Cristo resucitó». Cuando el autor del Génesis dice que Dios hizo al hombre a su imagen, tal vez se haya imaginado un Dios vagamente corpóreo haciendo al hombre como un niño hace una figura de plastilina. Un filósofo cristiano de nuestros días puede pensar en un proceso que se extiende desde la primera creación de la materia hasta la aparición final sobre el planeta de un organismo capaz de recibir vida espiritual y vida biológica. Pero los dos quieren decir esencialmente lo mismo. Los dos niegan la misma cosa: la doctrina de que la materia, por algún ciego poder inherente en ella, haya producido el espíritu.

¿Significa esto que el cristianismo, en los diferentes niveles de educación general, esconde creencias radicalmente distintas bajo la misma forma verbal? En modo alguno. Aquello en lo que todos están de acuerdo es la substancia, y aquello en lo que discrepan es la sombra. Cuando uno se imagina a su Dios sentado en un cielo espacial sobre una tierra llana mientras otro ve a Dios y a la creación desde el punto de vista de la filosofía de Whitehead,[1] la diferencia entre ambos afecta a cuestiones sin importancia. Esto tal vez puede parecer una exageración. Pero, ¿lo es?

En lo que respecta a la realidad material, nos vemos obligados a concluir que no sabemos nada de ella salvo su matemática. La ribera tangible y los guijarros de nuestras primeras calculadoras, los átomos imaginables de Demócrito, la imagen del espacio del hombre llano, resultan ser la sombra. Los números son la substancia del conocimiento, el único enlace entre la mente y las cosas. Lo que la naturaleza es en sí misma se nos escapa. Lo que a la percepción ingenua le parece evidente resulta lo más fantasmal. Muy semejante es lo que ocurre con el conocimiento de la realidad espiritual. Lo que Dios es en sí mismo, cómo ha de ser concebido por los filósofos, se le escapa a nuestro conocimiento. Las elaboradas imágenes del mundo que acompañan a la religión, y que parecen sólidas mientras duran, resultan ser solo sombras. La religión —oración y sacramentos y arrepentimiento y adoración— es, a la larga, nuestra única avenida a lo real. La religión, como las matemáticas, puede crecer desde dentro o deteriorarse. El judío sabe más que el pagano, el cristiano más que el judío, el hombre moderno vagamente religioso menos que cualquiera de los tres. Pero, como la matemática, sigue siendo sencillamente ella misma, capaz de encajar en cualquier teoría del universo material sin que nada la convierta en anticuada.

Cuando un hombre se pone en presencia de Dios, descubre, quiéralo o no, que las cosas que en su opinión lo hacían tan diferente de los hombres de otras épocas, o de sí mismo en tiempos anteriores, se han desprendido de él. Vuelve a estar donde había estado siempre, donde siempre está el hombre. *Eadem sunt omnia semper.*[2] No nos engañemos. Ninguna complejidad posible que podamos dar al universo puede escondernos de Dios: no hay soto, ni bosque, ni jungla suficientemente espesos para ocultarnos. En el Apocalipsis leemos de Aquel que está sentado en el trono: «de cuya presencia huyeron el cielo y la tierra».[3] A cualquiera de nosotros nos puede ocurrir en cualquier momento. En un abrir y cerrar de ojos, en un momento demasiado pequeño para ser medido y en cualquier lugar, todo lo que parece separarnos de Dios puede desaparecer, esfumarse, dejarnos desnudos ante Él, como el primer hombre, como el único hombre, como si no existiera nada salvo Él y yo. Y como el contacto no se puede evitar durante mucho tiempo, y como significa bienaventuranza u horror, la tarea de la vida es aprender a quererlo. Ese es el primer y el gran mandamiento.

1. Alfred North Whitehead (1861-1947), que escribió, entre otras obras *La ciencia y el mundo moderno* (1925) y *El devenir de la religión* (1926).

2. «Todo es siempre igual».

3. Apocalipsis 20:11.

SOBRE LA IMPORTANCIA DE PRACTICAR LA CARIDAD

En cuanto al significado de la palabra. Ahora la «caridad» significa simplemente lo que antes se llamaba «limosnas», es decir, ayudar a los pobres. Originalmente, su significado era mucho más amplio. (Pueden ver cómo obtuvo el significado moderno. Si un hombre tiene «caridad», ayudar a los pobres es una de las cosas más evidentes que hace, y por eso la gente dio en hablar de ello como si la caridad fuera solamente eso. Del mismo modo, la «rima» es lo más evidente de la poesía, y así la gente quiere decir por «poesía» lo que simplemente es rima y nada más).

Mero cristianismo, del capítulo titulado «Caridad».

Caridad significa «amor en el sentido cristiano». Pero el amor, en el sentido cristiano, no significa una emoción. Es un estado, no de los sentimientos, sino de la voluntad; el estado de la voluntad que naturalmente tenemos acerca de nosotros mismos, y que debemos aprender a tener acerca de los demás.

Ya señalé en el capítulo sobre el perdón que nuestro amor por nosotros mismos no significa que nos *gustemos* a nosotros mismos. Significa que deseamos nuestro propio bien. Del mismo modo, el amor cristiano (o la caridad) por nuestros prójimos es algo muy diferente de la simpatía o el afecto. Nos «gustan» o «apreciamos» a algunas personas y no a otras. Es importante comprender que esta simpatía natural no es ni un pecado ni una virtud, del mismo modo que vuestro gusto o disgusto por una comida no lo son. Son solo hechos. Pero, claro, lo que hacemos acerca de ello es o pecaminoso o virtuoso.

Una simpatía o un afecto natural por la gente hace que sea más fácil ser «caritativos» con ellos. Por lo tanto, es normalmente un deber alentar nuestros afectos, «gustar» de la gente tanto como podamos (del mismo modo que a menudo debemos alentar nuestro gusto por el ejercicio o la comida sana) no porque este afecto sea en sí mismo la virtud de la caridad, sino porque la ayuda. Por otro lado, también es necesario mantener una atenta vigilancia en caso de que nuestra simpatía por una persona en particular nos vuelva menos caritativos, o incluso injustos, con alguien más. Incluso hay casos en los que nuestra simpatía interfiere con nuestra caridad por la persona que nos es simpática. Por ejemplo, una madre amante, llevada por su afecto natural, puede sentirse tentada de «malcriar» a su hijo; es decir, de gratificar sus propios impulsos afectuosos a costa de la auténtica felicidad de la criatura más adelante.

Pero, a pesar de que las simpatías naturales deberían ser alentadas, sería equivocado pensar que el modo de volverse caritativo es tratar de fabricar sentimientos de afecto. Algunas personas son «frías» por naturaleza; puede que eso sea una desgracia para ellos, pero no es más pecado que hacer mal la digestión, y no los aleja de la posibilidad, o los disculpa del deber, de aprender a ser caritativos. La regla para todos nosotros es perfectamente simple. No perdáis el tiempo preguntándoos si «amáis» a vuestro prójimo: comportaos como si fuera así. En cuanto hacemos esto, descubrimos uno de los grandes secretos. Cuando nos comportamos como si amásemos a alguien, al cabo del tiempo llegaremos a amarlo. Si le hacemos daño a alguien que nos disgusta, descubriremos que nos disgusta aún más que antes. Si le hacemos un favor, encontraremos que nos disgusta menos. Hay, ciertamente, una excepción. Si le hacemos un favor, no para agradar a Dios u obedecer la regla de la caridad, sino para demostrarle lo buenos y generosos que somos y convertirlo en acreedor nuestro, y luego nos sentamos a esperar su «gratitud», seguramente nos veremos decepcionados. (La gente no es tonta: enseguida se da cuenta de la ostentación, o el paternalismo). Pero cada vez que hacemos un bien a otra persona, solo porque es una persona, hecha (como nosotros) por Dios, y deseando su felicidad como nosotros deseamos la nuestra, habremos aprendido a amarla un poco más o, al menos, a que nos desagrade un poco menos.

En consecuencia, a pesar de que la caridad cristiana le parece algo muy frío a la gente que piensa en el sentimentalismo, y aunque es bastante distinta del afecto, conduce, sin embargo, al afecto. La diferencia entre un cristiano y un hombre mundano no es que el hombre mundano solo siente afectos o «simpatías» y el cristiano solo siente «caridad». El hombre mundano trata a ciertas personas amablemente porque le «gustan»; el cristiano, intentando tratar a todo el mundo amablemente, se encuentra a sí mismo gustando cada vez de más gente, incluyendo personas que al principio jamás se hubiera imaginado que le gustarían.

Esta misma ley espiritual funciona de un modo terrible en el sentido inverso. Los nazis, al principio, tal vez maltratasen a los judíos porque los odiaban; más tarde los odiaron mucho más porque los habían maltratado. Cuanto más crueles seamos, más odiaremos, y cuanto más odiemos, más crueles nos volveremos... y así sucesivamente en un círculo vicioso para siempre.

El mal y el bien aumentan los dos a un interés compuesto. Por eso, las pequeñas decisiones que vosotros y yo hacemos todos los días son de una importancia infinita. La más pequeña buena acción de hoy es la conquista de un punto estratégico desde el cual, unos meses más tarde, podremos avanzar hacia victorias con las que nunca soñamos. Ceder hoy a nuestra ira o nuestra lujuria, por trivial que sea esa concesión, es la pérdida de un camino, una vía férrea o un puente desde los que el enemigo puede lanzar un ataque de otro modo imposible.

Algunos escritores utilizan la palabra caridad para describir no solo el amor cristiano entre seres humanos, sino también el amor de Dios para con los hombres y de los hombres para con Dios. Acerca de la segunda clase de amor, la gente a menudo se preocupa. Se les dice que deben amar a Dios. Y no pueden hallar ese sentimiento en sí mismos. ¿Qué deben hacer? La respuesta es la misma que antes. Comportaos como si lo amarais. No intentéis fabricar sentimientos. Preguntaos: «Si yo estuviera seguro de amar a Dios, ¿qué haría?». Cuando hayáis encontrado la respuesta, id y hacedlo.

En general, pensar en el amor de Dios por nosotros es algo mucho más seguro que pensar en nuestro amor por Él. Nadie puede experimentar sentimientos devotos en todo momento, e incluso si pudiéramos, los sentimientos no son lo que a Dios le importa más. El amor cristiano, ya sea hacia Dios o hacia el hombre, es un asunto de la voluntad. Si intentamos hacer su voluntad estamos obedeciendo el mandamiento «Amarás al Señor tu Dios». Dios nos dará sentimientos de amor si le place. No podemos crearlos por nosotros mismos, y no debemos exigirlos como un derecho. Pero lo más importante que debemos recordar es que, aunque nuestros sentimientos vienen y van, el amor de Dios por nosotros no lo hace. No se fatiga por nuestros pecados o nuestra indiferencia, y, por lo tanto, es incansable en su determinación de que seremos curados de esos pecados, no importa lo que nos cueste, no importa lo que le cueste a Él.

SOBRE LO QUE SIGNIFICA SER PARTE DEL CUERPO DE CRISTO

NINGÚN CRISTIANO —Y, de hecho, ningún historiador— podría aceptar el epigrama que define la religión como «lo que un hombre hace con su soledad». Fue uno de los hermanos Wesley, creo, quien dijo que en el Nuevo Testamento no se encuentra nada sobre religión solitaria. Se nos prohíbe desatender el reunirnos. El cristianismo ya era institucional en los más tempranos de sus documentos. La Iglesia es la esposa de Cristo. Somos miembros los unos de los otros.

El peso de la gloria, del capítulo titulado «Membresía».

En nuestra era, la idea de que la religión pertenece a nuestra vida privada —que es, de hecho, una ocupación para las horas de ocio del individuo— es al mismo tiempo paradójica, peligrosa y natural. Es paradójica porque esta exaltación de lo individual en el campo religioso se alza en una era en la que el colectivismo está derrotando implacablemente a lo individual en cualquier otro campo. Lo veo incluso en la universidad. Cuando llegué a Oxford, la asociación de estudiantes típica consistía en una docena de hombres, que se conocían en profundidad, que escuchaban la exposición de uno de los suyos en una pequeña sala y debatían arduamente su problema hasta la una o las dos de la mañana. Antes de la guerra, la asociación de estudiantes típica había llegado a ser una audiencia mixta de cien o doscientos alumnos reunidos en un auditorio para escuchar una ponencia de alguna celebridad visitante. Incluso en las escasas ocasiones en las que un estudiante moderno no está asistiendo a algo parecido a una asociación, rara vez se ocupa en aquellos paseos solitarios, o paseos con un simple compañero, que han elevado las mentes de las generaciones previas. Él vive en una multitud; la camaradería ha reemplazado a la amistad. Y esta tendencia no existe únicamente dentro y fuera de la universidad, aunque a menudo se aprueba. Existe una multitud de entrometidos, de autoproclamados maestros de ceremonias, cuya vida está dedicada a destruir la soledad allá donde todavía subsista. Lo llaman «sacar a los jóvenes de su ensimismamiento», o «despertarlos», o «superar su apatía». Si un Agustín, un Vaughan, un Traherne o un Wordsworth hubieran nacido en el mundo moderno, los líderes de una organización juvenil los habrían curado pronto. Si existiera hoy un hogar realmente bueno, como el de Alcínoo y Arete en la *Odisea*, o el de los Rostov en *Guerra y paz*, o el de cualquiera de las familias de Charlotte M. Yonge, lo tildarían de aburguesado y se levantaría en su contra toda la maquinaria de la destrucción. E incluso cuando los planificadores fracasan y se deja a alguien físicamente solo, la radio se ocupa de que nunca —en un sentido no previsto por Escipión— esté menos solo que cuando está solo. Vivimos, de hecho, en un mundo privado de soledad, de silencio y privacidad, y por lo tanto privado de meditación y de verdadera amistad.

Que la religión deba ser relegada a la soledad en estos tiempos es, pues, paradójico. Pero también es peligroso, por dos razones. En primer lugar, cuando el mundo moderno nos dice en voz alta: «Debes ser religioso cuando estás solo», añade por lo bajo «... y yo procuraré que nunca estés solo». Hacer del cristianismo un asunto privado a la vez que se desvanece toda la privacidad es relegarlo al final del arcoíris o a las calendas griegas. Esa es una de las estratagemas del enemigo. En segundo lugar, está el peligro de que los cristianos reales que sepan que el cristianismo no es un asunto solitario reaccionen contra este error transportando simplemente a nuestra vida espiritual el mismo colectivismo que ya hemos conquistado en nuestra vida secular. Esa es la otra estratagema del enemigo. Como un buen jugador de ajedrez, siempre intenta manipularte hacia una posición donde solo puedas salvar tu torre perdiendo tu alfil. Con la intención de evitar la trampa, debemos insistir en que, aunque la concepción privada del cristianismo es un error, es algo profundamente natural e intenta, aunque torpemente, proteger una gran verdad. Detrás de él se encuentra el sentimiento obvio de que nuestro colectivismo moderno es una atrocidad para la naturaleza humana y de que, frente a esto, al igual que para todos los demás males, Dios será nuestro escudo y fortaleza.

Este sentimiento es justo. Igual que la vida privada y personal está por debajo de la participación en el Cuerpo de Cristo, así la vida colectiva está por debajo de la vida privada y personal y no tiene ningún valor, salvo en su servicio. La comunidad secular, puesto que existe para nuestro bien natural y no para el sobrenatural, no tiene mayor fin que el de facilitar y salvaguardar la familia, las amistades y la soledad. Ser feliz en casa, dijo Johnson, es el fin de toda empresa humana. Mientras pensemos únicamente en los valores naturales debemos decir que no hay nada bajo el sol la mitad de bueno que un hogar que ríe junto en la sobremesa, o dos amigos hablando junto a una pinta de cerveza, o un hombre solo leyendo un libro que le interese; y que toda la economía, la política, las leyes, los ejércitos y las instituciones, salvo en la medida en que prolonguen y multipliquen tales escenas, no son más que arar en el desierto y sembrar en el mar, vanidad sin sentido y afrenta para el espíritu. Las actividades colectivas son necesarias, por supuesto, pero ese es el fin para el que son necesarias. Los grandes sacrificios de esta felicidad privada de parte de aquellos que la tienen deben ser necesarios con el fin de que pueda distribuirse más ampliamente. Todos deben estar un poco hambrientos para que nadie quede privado de comida. Pero no confundamos los males necesarios con bienes. El error se comete fácilmente. La fruta debe enlatarse si hay que transportarla y debe perder, por lo tanto, algunas de sus buenas cualidades. Pero uno conoce a personas que han aprendido a preferir en realidad la fruta enlatada a la fresca. Una sociedad enferma debe pensar mucho en política, igual que un hombre enfermo debe pensar mucho en su digestión; ignorar el tema puede ser una cobardía fatal tanto para la una como para el otro. Pero si alguno llega a considerarlo como el alimento natural de la mente —si llega a olvidarse de que pensamos en tales cosas solo para ser capaces de pensar en otras—, entonces lo que se asumió por el bien de la salud se ha convertido en sí en una nueva enfermedad mortal.

Existe, de hecho, en todas las actividades humanas una tendencia fatal de que los medios usurpen los mismos fines que tenían la intención de servir. Así, el dinero obstaculiza el intercambio de artículos, y las reglas del arte entorpecen a los genios, y los exámenes evitan que los jóvenes se conviertan en eruditos. Por desgracia, no siempre es justificable que se pueda prescindir de los medios usurpadores. Creo que es probable que el colectivismo de nuestra vida sea necesario y vaya a aumentar, y creo que nuestra única salvaguarda contra sus mortales propiedades esté en la vida cristiana, porque se nos prometió que podríamos tomar en las manos serpientes y beber cosas mortíferas y aun así viviríamos. Esa es la verdad detrás de la errónea definición de religión con la que comenzamos. Donde se desvió fue al oponer a la masa colectiva la simple soledad. El cristiano no es llamado al individualismo, sino a la membresía del cuerpo místico. Una consideración de las diferencias entre el colectivo secular y el cuerpo místico de Cristo es, por tanto, el primer paso para comprender cómo el cristianismo, sin ser individualista, puede aun así contrarrestar el colectivismo.

Ya para empezar tenemos el problema del lenguaje. La misma palabra «membresía» es de origen cristiano, pero ha sido asumida por el mundo y vaciada de todo significado. En cualquier libro sobre lógica puedes ver la expresión «miembros de una clase». Es preciso señalar enfáticamente que los elementos que se incluyen en una clase homogénea son prácticamente lo opuesto a lo que san Pablo quería decir con «miembros». El término griego traducido como «miembros» se refería a lo que deberíamos llamar «órganos», cosas esencialmente diferentes, y complementarias, unas de otras, cosas que difieren no solo en estructura y función, sino también en dignidad. Así, en un club, al comité en su conjunto y a los sirvientes en su conjunto se les puede considerar adecuadamente como «miembros»; lo que llamaríamos miembros del club son simplemente unidades. Una fila de soldados idénticamente vestidos y entrenados dispuestos hombro con hombro, o un número de ciudadanos que figuren como votantes en una circunscripción no son miembros de nada en el sentido paulino. Me temo que, cuando describimos a un hombre como «miembro de la Iglesia», normalmente no nos referimos a nada paulino; nos referimos solo a que es una unidad: que es un espécimen más dentro de una determinada clase de cosas como X, Y y Z. Para entender cómo la verdadera membresía en un cuerpo se diferencia de la inclusión en un colectivo se puede considerar la estructura de una familia. El abuelo, los padres, el hijo mayor de edad, el niño, el perro y el gato son miembros auténticos (en el sentido orgánico), precisamente porque no son miembros o unidades de una clase homogénea. No son intercambiables. Cada persona es prácticamente una especie en sí misma. La madre no es simplemente una persona diferente de la hija; es una clase de persona diferente. El hermano mayor no es simplemente una unidad en la clase «niños»; es un estamento separado de la realidad. El padre y el abuelo son casi tan diferentes como el gato y el perro. Si sustraen a cualquier miembro, no habrán reducido la familia en número y ya está; habrán infligido un daño a su estructura. Su unidad es una unidad de diferentes, casi de inconmensurables.

Una percepción borrosa de la riqueza inherente en esta clase de unidad es una de las razones de por qué disfrutamos con un libro como *El viento en los sauces*; un trío como Ratito, Topo y Tejón simboliza la diferenciación extrema de personas en armoniosa unión, algo que sabemos intuitivamente que es nuestro verdadero refugio tanto de la soledad como del colectivo. El afecto entre esas parejas tan extrañamente combinadas como Dick Swiveller y la Marquesa, o el señor Pickwick y Sam Weller, complace del mismo modo. Por eso la noción moderna de que los niños deberían llamar a sus padres por sus nombres de pila es tan perversa, porque es un intento de ignorar la diferencia en cuanto a clase que hace real la unidad orgánica. Están intentando inocular en el niño la ridícula visión de que la madre solo es una conciudadana como cualquier otra, para hacerlo ignorante de lo que todo hombre sabe e insensible a lo que todo hombre siente. Están intentando arrastrar las repeticiones anodinas del colectivo al más extenso y concreto mundo de la familia.

Un convicto tiene un número en vez de un nombre. Esa es la idea del colectivo llevada a su extremo. Pero un hombre en su propia casa también pierde su nombre porque se le llama simplemente «padre». Esa es la membresía en un cuerpo. La pérdida del nombre en ambos casos nos recuerda que hay dos modos opuestos de apartarse del aislamiento.

La sociedad a la que es llamado el cristiano en su bautismo no es un colectivo, sino un cuerpo. De hecho, es ese cuerpo que tiene a la familia como imagen en el nivel natural. Si cualquiera llegara a él con la idea errónea de que la membresía de la Iglesia era membresía en un degradado sentido moderno —una masa de personas juntas, como si fueran peniques o fichas— sería corregido en el umbral por el descubrimiento de que la cabeza de este cuerpo es muy diferente a los miembros inferiores, que no comparten predicado con él salvo por analogía. Se nos convoca desde el principio a unirnos como criaturas con nuestro Creador, como mortales con lo inmortal, como pecadores redimidos con el Redentor sin pecado. Su presencia, la interacción entre Él y nosotros, siempre debe ser el factor dominante y principal en la vida que debemos llevar dentro del cuerpo; y queda desestimado cualquier concepto de comunión cristiana que no signifique en primer lugar comunión con Él. Después de eso parece casi trivial enunciar la diversidad de operaciones que se verifican en la unidad del Espíritu. Pero es muy evidente. Hay sacerdotes separados de los seglares, catecúmenos separados de aquellos que están en plena comunión. Está la autoridad de los maridos sobre las esposas y la de los padres sobre los niños. Hay, en formas demasiado sutiles para recibir carácter oficial, un intercambio continuo de ministerios complementarios. Estamos aprendiendo y enseñando constantemente, perdonando y siendo perdonados, representando a Cristo ante los hombres cuando intercedemos, y a los hombres ante Cristo cuando otros interceden por nosotros. El sacrificio de la privacidad egoísta que se nos demanda a diario se recompensa cien veces en el crecimiento verdadero de la personalidad que la vida del cuerpo alienta. Aquellos que son miembros los unos de los otros se vuelven tan diversos como la mano y la oreja. Por eso los mundanos son tan monótonos comparados con la casi fantástica variedad de los santos. La obediencia es el camino a la libertad; la humildad, el camino al placer; la unidad, el camino a la personalidad.

Y ahora debo decir algo que puede parecerles una paradoja. A menudo han escuchado que, aunque en el mundo tenemos diferentes roles, todos somos iguales ante los ojos de Dios. Por supuesto, hay sentidos en los cuales esto es verdad. Dios no hace acepción de personas; su amor por nosotros no se mide por nuestro estatus social o nuestros talentos intelectuales. Pero creo que hay un sentido en el cual esta máxima es opuesta a la verdad. Voy a atreverme a decir que la igualdad artificial es necesaria en la vida del Estado, pero que en la Iglesia nos arrancamos este disfraz, recuperamos nuestras desigualdades reales y salimos así reanimados y vivificados.

Creo en la igualdad política. Pero hay dos razones opuestas para ser un demócrata. Pueden pensar que todos los hombres son tan buenos que se merecen su parte en el gobierno de la Commonwealth, y tan sabios que la Commonwealth necesita sus consejos. Esa, en mi opinión, es la falsa doctrina romántica de la democracia. Por otro lado, puede ser que crean que los hombres caídos son tan malvados que no se le puede confiar a ninguno de ellos un poder desmesurado sobre sus semejantes.

Creo que ese es el verdadero terreno de la democracia. No creo que Dios crease un mundo igualitario. Creo que la autoridad del padre sobre el hijo, la del marido sobre la esposa, la de los eruditos sobre los simples, ha sido una parte tan importante del plan original como la autoridad del hombre sobre las bestias. Creo que, si no hubiéramos caído, Filmer habría tenido razón y la monarquía patriarcal sería el único gobierno legítimo. Pero, puesto que hemos aprendido a pecar, hemos descubierto, como dice *lord* Acton, que «todo poder corrompe, y el poder absoluto corrompe absolutamente». El único remedio ha sido sustituir los poderes por una ficción de igualdad legal. La autoridad del padre y del marido ha sido abolida con razón en el plano legal, no porque esta autoridad sea mala en sí misma (al contrario, sostengo, es divina en origen), sino porque los padres y los maridos son malos. La teocracia ha sido abolida con razón no porque sea malo que los sacerdotes doctos gobiernen a los legos ignorantes, sino porque los sacerdotes son hombres malvados como el resto de nosotros. Incluso la autoridad del hombre sobre las bestias ha tenido que ser refrenada debido a los abusos constantes.

Para mí, la igualdad está en la misma condición que la ropa. Es un resultado de la caída y el remedio para ella. Cualquier intento de desandar el camino por el cual hemos llegado al igualitarismo y reintroducir las antiguas autoridades a nivel político me resulta una tontería y sería como quitarnos la ropa. Los nazis y los nudistas cometen el mismo error. Pero es el cuerpo desnudo, aún debajo de las ropas de cada uno de nosotros, el que realmente vive. Es el mundo jerárquico, todavía vivo y (muy adecuadamente) escondido detrás de una fachada de ciudadanía igualitaria, el que realmente nos preocupa.

No me malinterpreten. No estoy menospreciando en absoluto el valor de esta ficción igualitaria que es nuestra única defensa contra la crueldad del otro. Vería con la mayor desaprobación cualquier propuesta de abolir el sufragio universal o las leyes que protegen los derechos de la mujer. Pero la función de la igualdad es puramente protectora. Es medicina, no alimento. Al tratar a las personas (en un juicioso desafío de los hechos observados) como si todas fueran la misma clase de cosa evitamos innumerables males. Pero no fuimos hechos para vivir sobre esa base. Es ridículo decir que los hombres tienen el mismo valor. Si el valor se toma en un sentido mundano —si queremos decir que todos los hombres son igual de útiles, o hermosos, o buenos, o entretenidos—, es una tontería. Si significa que todos los hombres tienen el mismo valor como almas inmortales, creo que eso encubre un error peligroso. La idea del valor infinito de toda alma humana no es una doctrina cristiana. Dios no murió por el hombre debido a cierto valor que percibió en él. El valor de toda alma humana considerada por sí misma solamente, fuera de su relación con Dios, es cero. Como escribe san Pablo, morir por hombres valiosos no habría sido divino, sino meramente heroico; sin embargo, Dios murió por los pecadores. Nos amó no porque fuéramos dignos de ser amados, sino porque Él es amor. Tal vez sea que Él ama a todos igualmente —ciertamente amó a todos hasta la muerte— y no estoy seguro de lo que significa la expresión. Si existe igualdad, está en su amor, no en nosotros.

Igualdad es un término cuantitativo y, por lo tanto, a menudo el amor no sabe nada de ello. La autoridad ejercida con humildad y la obediencia aceptada con gusto son precisamente las líneas sobre las que viven nuestros espíritus. Incluso en la vida de los afectos, mucho más en el Cuerpo de Cristo, nos apartamos de ese mundo que dice: «Soy tan bueno como tú». Es como pasar de una marcha a un baile. Es como quitarnos la ropa. Somos, como dice Chesterton, más elevados cuando nos encorvamos y más bajos cuando enseñamos. Me complace que haya momentos en los servicios de mi propia iglesia cuando el ministro se pone en pie y yo me arrodillo. Conforme la democracia se va volviendo más completa en el mundo exterior y se van eliminando las oportunidades de reverencia, más y más necesarios se vuelven el refrigerio, la purificación y el vigorizante regreso a la desigualdad ofrecidos por la Iglesia.

De esta manera, pues, la vida cristiana defiende la personalidad individual frente al colectivo, no mediante su aislamiento, sino dándole el estatus de un órgano en el cuerpo místico. Como dice el libro de Apocalipsis, es hecho «columna en el santuario de mi Dios»; y añade: «y nunca más saldrá de allí». Eso introduce un nuevo ángulo en nuestro tema. Esta posición estructural en la Iglesia que ocupan los cristianos más humildes es eterna e incluso cósmica. La Iglesia sobrevivirá al universo; en ella, la persona individual sobrevivirá al universo. Todo lo que se una a la cabeza inmortal compartirá su inmortalidad. Escuchamos hablar poco de esto desde el púlpito cristiano hoy en día. Los resultados de este silencio se pueden ver en que, hablando recientemente de este tema a las fuerzas armadas, descubrí que alguien entre la audiencia consideraba esta doctrina como «teosófica». Si no la creemos, seamos sinceros y releguemos la fe cristiana a los museos. Si lo hacemos, abandonemos la pretensión de que no tiene importancia. Porque esta es la respuesta real a cada demanda excesiva realizada por el colectivo. Es mortal; nosotros viviremos para siempre. Llegará un momento en que toda cultura, toda institución, toda nación, la raza humana, toda vida biológica se extinga y cada uno de nosotros aún seguirá vivo. Se nos ha prometido la inmortalidad a nosotros, no a estas generalidades. No fue por las sociedades o por los estados por los que Cristo murió, sino por los hombres. En ese sentido, a los colectivistas seculares debe parecerles que el cristianismo implica una aseveración casi frenética de la individualidad. No obstante, no es el individuo como tal quien compartirá la victoria de Cristo sobre la muerte. Compartiremos la victoria estando en el Vencedor. Un rechazo o, en el duro lenguaje de las Escrituras, una crucifixión del yo natural es el pasaporte a la vida eterna. Nada que no haya muerto puede ser resucitado. Es así precisamente como el cristianismo rebasa la antítesis entre el individualismo y el colectivismo. Aquí subyace, según debe parecerles a los que están fuera de ella, la exasperante ambigüedad de nuestra fe. Enfrenta su rostro implacablemente a nuestro individualismo natural; por otro lado, restituye a los que abandonan el individualismo la posesión eterna de su propio ser, incluso de sus cuerpos. Como meras entidades biológicas, cada uno con su voluntad separada para vivir y expandirse, se ve que no tenemos importancia; somos una nulidad. Pero como órganos en el Cuerpo de Cristo, como piedras y pilares en el templo, se nos asegura nuestra identidad eterna y viviremos hasta recordar las galaxias como una antigua historia.

Esto se puede explicar de otro modo. La personalidad es eterna e inviolable. Sin embargo, no es un dato desde el que comenzar. El individualismo con el que todos comenzamos solo es una parodia o una sombra de ello. La verdadera personalidad subyace debajo: cuán lejos está para la mayoría de nosotros, eso no me atrevo a decirlo. Y la clave para ello no está en nosotros mismos. No se consigue por el desarrollo desde el interior hacia afuera. Vendrá a nosotros cuando ocupemos los puestos de la estructura del cosmos eterno para los cuales fuimos diseñados o inventados. Al igual que un color revela finalmente su verdadera calidad cuando es colocado por un excelente artista en su lugar preseleccionado entre otros tantos, al igual que una especia revela su verdadero sabor cuando se agrega entre los otros ingredientes justo donde y cuando desea un buen cocinero, al igual que un perro llega a ser realmente canino solo cuando ha ocupado su lugar en la casa del hombre, así nosotros seremos auténticas personas cuando hayamos sufrido por encajar en nuestros lugares. Somos mármol esperando tomar forma, metal esperando ser vertido en un molde. No hay duda de que ya existen, incluso en el ser sin regenerar, débiles indicios del molde para el cual ha sido diseñado cada uno, o la clase de pilar que seremos. Pero es, creo yo, una burda exageración imaginar la salvación de un alma como si fuera, normalmente, igual en todo al desarrollo de una semilla en una flor. Las mismas palabras *arrepentimiento, regeneración, el nuevo hombre* sugieren algo muy diferente. Algunas tendencias en todo hombre natural deben ser rechazadas, simplemente. Nuestro Señor habla de ojos arrancados y manos cortadas: un método de adaptación francamente procustiano.

La razón por la que retrocedemos ante esto es que en su día comenzamos captando todo el asunto del revés. Empezando con la doctrina de que toda la individualidad es «de infinito valor», imaginamos a continuación a Dios como una especie de agencia de empleo cuya tarea es encontrar carreras adecuadas para las almas, un calzado para cada pie. Pero, de hecho, el valor del individuo no reside en él. Él puede recibir valor. Lo recibe por la unión con Cristo. No se trata de encontrar un lugar para él en el templo viviente que haga justicia a su valor inherente y dé margen a su idiosincrasia natural. El lugar ya existía antes. El hombre fue creado para este. No será él mismo hasta que esté allí. Solo en el cielo seremos auténticos y eternos, y personas realmente divinas, del mismo modo que, incluso ahora, solo en la luz somos cuerpos con color.

Decir esto es repetir lo que todo el mundo ya admite aquí: que somos salvos por gracia, que en nuestra carne no reside ningún bien, que somos, hasta la médula, criaturas y no creadores, seres derivados, vivos no por nosotros mismos sino por Cristo. Si parece que he complicado una cuestión sencilla, me perdonarán, espero. Me he esforzado por exponer dos puntos. He intentado desterrar ese culto anticristiano al individuo humano en sí que tanto prolifera en el pensamiento moderno junto con nuestro colectivismo, porque un error engendra el error opuesto y, lejos de neutralizarse, se agravan el uno al otro. Me refiero a la pestilente idea (fácil de encontrar en la crítica literaria) de que cada uno de nosotros comienza con un tesoro llamado «personalidad» encerrado en su interior, y que el fin principal de la vida es expandirlo y expresarlo, protegerlo de la intromisión, ser «original». Es un concepto pelagiano, o peor, y autodestructivo. Ningún hombre que valore la originalidad será jamás original. Pero intenten decir la verdad tal como la ven, intenten hacer el más mínimo trabajo tan bien como pueda hacerse por amor al trabajo, y lo que los hombres llaman originalidad vendrá sin buscarlo. Incluso a ese nivel, la entrega del individuo al trabajo ya está comenzando a producir una personalidad auténtica. Y, en segundo lugar, he intentado demostrar que al cristianismo, a la larga, no le preocupan ni los individuos ni las comunidades. Ni el individuo ni la comunidad —tal como el pensamiento popular los concibe— ni el ser natural ni la masa colectiva pueden heredar la vida eterna; solo una nueva criatura puede heredarla.

SOBRE CUESTIONES PRÁCTICAS
ACERCA DE SER CRISTIANO HOY

[Nota del editor en inglés: las respuestas a las preguntas que aparecen aquí las dio Lewis en la conferencia One Man Brains Trust, *que pronunció el 18 de abril de 1944 en la sede central de Electric and Musical Industries Ltd., Hayes, Middlesex. De esa conferencia se tomaron notas a mano y se le envió a Lewis un texto mecanografiado. Lewis lo modificó ligeramente y se publicó como opúsculo. El director del coloquio fue H. W. Bowen].*

Lo eterno sin disimulo, del capítulo titulado
«Respuestas a preguntas sobre el cristianismo».

LEWIS: Me han pedido que comience con unas palabras sobre el cristianismo y la industria moderna. La industria moderna es un tema del que no sé nada en absoluto. Pero, precisamente por eso, puede ilustrar lo que, en mi opinión, el cristianismo hace y lo que no hace. El cristianismo *no* sustituye a la técnica. Cuando nos dice que demos de comer al hambriento, no nos da lecciones de cocina. Si queremos aprender *ese* arte, deberemos ir al cocinero. Si no somos economistas profesionales y no tenemos experiencia en la industria, ser cristiano no nos dará las respuestas a los problemas industriales.

Mi opinión particular es que la industria moderna es un sistema radicalmente desesperanzado. Se puede mejorar el salario, el horario, las condiciones, pero nada de eso cura el más profundo mal, a saber, que cierto número de personas sigan haciendo durante toda su vida un trabajo repetitivo que no les permite ejercer plenamente sus facultades. Cómo puede superarse esta situación, yo no lo sé.

Si solo un país abandonara el sistema, sería víctima de los demás países que no lo hubieran abandonado.

No sé cuál es la solución. Este asunto no es del tipo de cosas que el cristianismo enseña a una persona como yo. Ahora sigamos con las preguntas.

PREGUNTA 1: A los cristianos se les enseña a amar al prójimo. ¿Cómo pueden, entonces, justificar su actitud de apoyo a la guerra?

LEWIS: Se nos ha dicho que amemos al prójimo como a nosotros mismos. ¿Cómo nos amamos a nosotros mismos? Cuando examino mi particular modo de entender el problema, descubro que no me amo a mí mismo pensando que soy un querido amigo o teniendo sentimientos afectuosos. No creo que me ame a mí mismo por ser particularmente bueno, sino por ser yo mismo, independientemente de mi carácter. Puedo detestar algo que he hecho; pero no por eso dejo de amarme a mí mismo. Con otras palabras: la distinción precisa que el cristianismo establece entre odiar el pecado y amar al pecador es la que hacemos nosotros, aplicado a nuestro caso particular, desde que nacimos. Nos disgusta lo que hemos hecho, pero no dejamos de amarnos. Podemos pensar incluso que deberíamos ir a la policía y confesar, y que mereceríamos que nos ahorcaran. El amor no es un sentimiento afectuoso, sino desear sin cesar el verdadero bien para la persona amada hasta donde se pueda alcanzar. Me parece, pues, que cuando sucede lo peor, si no se puede tener a raya a un hombre por ningún otro procedimiento que el de intentar matarlo, un cristiano debe hacerlo. Esta es mi respuesta, pero puedo estar equivocado. Desde luego, es muy difícil responder.

PREGUNTA 2: Si un trabajador de una fábrica le preguntara «¿Cómo puedo yo encontrar a Dios?», ¿qué le respondería?

LEWIS: No veo que para un trabajador la cuestión sea distinta que para cualquiera otra persona. Lo fundamental en cualquier hombre es que es un ser humano, y comparte las tentaciones humanas comunes y los valores. ¿Cuál es el problema especial en el caso de un trabajador? Pero tal vez merezca la pena decir lo siguiente:

El cristianismo hace dos cosas respecto a las circunstancias que se dan aquí y ahora, en este mundo:

(1) trata de mejorarlas todo lo posible, es decir, trata de reformarlas;

(2) pero también nos fortalece para afrontarlas mejor mientras sigan siendo malas.

Si la persona que ha hecho la pregunta estaba pensando en el problema del trabajo repetitivo, la dificultad del trabajador de una fábrica es como la de cualquier otro hombre que se enfrenta con un pesar o un problema. Descubrirá a Dios si le pide conscientemente a Él que le ayude a adoptar la actitud correcta frente a las cosas desagradables... pero no sé si era ese el objeto de la pregunta.

PREGUNTA 3: ¿Podría decirme cómo define usted a un cristiano practicante? ¿Hay otras clases?

LEWIS: Hay ciertamente muchas clases más. Depende, como es natural, de lo que usted entienda por «cristiano practicante». Si se refiere con ello a alguien que ha practicado el cristianismo en todos los conceptos y en todos los momentos de su vida, entonces solo hay uno del que yo tenga constancia: el mismo Cristo. En este sentido no hay un solo cristiano practicante, sino únicamente cristianos que tratan de vivir el cristianismo en mayor o menor grado, que fracasan en mayor o menor medida y que, tras caer, comienzan de nuevo. La práctica perfecta del cristianismo consistiría, naturalmente, en la perfecta imitación de la vida de Cristo. Quiero decir, cada uno en sus circunstancias particulares, y no en un sentido necio. No significa, pues, que todos los cristianos lleven barba, sean solteros, o se hagan predicadores ambulantes. La perfecta imitación de la vida de Cristo significa que cada acto y cada sentimiento particular, cada experiencia, tanto agradable como desagradable, tienen que ser referidos a Dios. Significa verlo todo como algo que viene de Él, y mirarlo a Él y tratar de cumplir su voluntad, y preguntarse: «¿Cómo quiere Dios que afronte este asunto?».

Un modelo (aunque muy remoto) de la relación entre el perfecto cristiano y Dios sería la relación del buen perro con su amo. Se trata de una ilustración muy imperfecta, debido a que el perro no razona como su dueño, mientras que nosotros participamos de la razón de Dios, aunque de un modo imperfecto e interrumpido («interrumpido» porque no pensamos racionalmente durante mucho tiempo, pues es demasiado cansado, y porque no tenemos información para entender completamente las cosas, y porque nuestra propia inteligencia tiene determinadas limitaciones). En ese sentido, nosotros nos parecemos más a Dios que el perro a nosotros, aunque, en otro sentido, el perro se parece más a nosotros que nosotros a Dios. Esto es solo una ilustración.

PREGUNTA 4: ¿Qué justificación, que se apoye en fundamentos éticos y de conveniencia social, se puede ofrecer de la actitud de la Iglesia hacia las enfermedades venéreas, la profilaxis y la publicidad relacionada con ella?

LEWIS: Necesito más información sobre el problema. Cuando la tenga tal vez pueda responder. ¿Puede decir el interrogador en qué Iglesia está pensando?

UNA VOZ: La Iglesia a la que se alude es la Iglesia de Inglaterra, y su posición, aunque no escrita, está implícita en el hecho de que ha prohibido toda publicidad relacionada con los métodos profilácticos de combatir las enfermedades venéreas. La opinión de algunos es que no se debería eludir el castigo moral.

LEWIS: Personalmente no me he tropezado nunca con un pastor de la Iglesia de Inglaterra que mantuviera esa opinión, y yo tampoco la mantengo. Se le pueden hacer evidentes objeciones. Después de todo, no son las enfermedades venéreas lo único que se puede considerar como un castigo por la mala conducta. La indigestión en la vejez puede ser el resultado de haber comido en exceso en la juventud, pero nadie se opone a la publicidad de la píldora Beecham. De todos modos, yo disiento profundamente del punto de vista que ha mencionado.

PREGUNTA 5: Mucha gente se muestra resentida o infeliz porque piensa que es el blanco de un destino injusto. Estos sentimientos son estimulados por la desgracia, la enfermedad, difíciles situaciones domésticas, duras condiciones de trabajo, o la observación del sufrimiento de los demás. ¿Cuál es el punto de vista cristiano sobre este problema?

LEWIS: El punto de vista cristiano es que los hombres han sido creados para estar en determinada relación con Dios (si mantenemos esa relación con Él, se derivará inevitablemente la relación correcta de unos hombres con otros). Cristo dijo que era difícil que «el rico» entrara en el reino de los cielos, refiriéndose, sin duda, a la «riqueza» en el sentido más común. Pero yo creo que incluye la riqueza en todos los sentidos: la buena fortuna, la salud, la popularidad, y todo lo demás que uno desea alcanzar. Esas cosas contribuyen, como el dinero, a que nos sintamos independientes de Dios, puesto que, si las tenemos, nos sentimos felices y contentos ya en esta vida. No queremos prestar atención a nada más, e intentamos apoyarnos en una felicidad dudosa como si durara para siempre.

Pero Dios quiere para nosotros la felicidad verdadera y eterna. Por eso, tal vez tenga que apartar estas «riquezas» de nosotros. Si no lo hiciera, seguiríamos sin confiar en Él. Parece cruel, ¿verdad?, pero yo empiezo a descubrir que las que la gente llama doctrinas crueles, a la larga, son realmente las más benévolas. Yo solía pensar que una doctrina «cruel» era sostener que el infortunio y la desgracia eran «castigos». Pero en la práctica descubro que, cuando nos vemos en apuros, tan pronto como los consideramos como un «castigo», se vuelven más fáciles de soportar. Si consideramos este mundo como un lugar destinado sencillamente para nuestra felicidad, lo hallaremos totalmente inaguantable. Pensemos en él como lugar de preparación y corrección y no nos parecerá tan malo.

Imaginemos un grupo de personas que vive en el mismo edificio. La mitad de ellas cree que es un hotel, la otra mitad cree que es una prisión. Los que creen que es un hotel podrían considerarlo totalmente insoportable, y los que creen que es una prisión podrían juzgar que es sorprendentemente cómodo. Así pues, la que parece una doctrina terrible es la que a fin de cuentas nos consuela y fortalece. La gente que intenta tener una opinión optimista de este mundo se volverá pesimista, la que tiene de él un punto de vista bastante severo se volverá optimista.

PREGUNTA 6: El materialismo y algunos astrónomos indican que el sistema solar y la vida tal como la conocemos se originó por una colisión astral fortuita. ¿Cuál es la opinión del cristianismo sobre esta teoría?

LEWIS: Si el sistema solar se hubiera originado por una colisión fortuita, la aparición de la vida orgánica en este planeta sería un accidente, y la evolución entera del hombre sería también un accidente. De ser así, nuestros actuales pensamientos son meros accidentes, el subproducto fortuito del movimiento de los átomos. Y esto vale igual para los pensamientos de los materialistas y los astrónomos que para los de los demás. Pero si *sus* pensamientos (los de los materialistas y los astrónomos) son subproductos accidentales, ¿por qué tendríamos que creer que son verdaderos?

No veo ninguna razón para creer que un accidente podría darme una estimación correcta de los demás accidentes. Es como suponer que la figura accidental que se forma al derramar un jarro de leche nos proporciona un juicio correcto acerca de cómo se hizo el zumo y por qué se derramó.

PREGUNTA 7: ¿Es verdad que el cristianismo (especialmente las formas protestantes) tiende a presentar un estado tenebroso y triste de la sociedad, que es como un chinche molesto para la mayor parte de la gente?

LEWIS: Acerca de la distinción entre el protestantismo y otras formas de cristianismo, es muy difícil responder. Leyendo obras que tratan sobre el siglo XVI, veo que personas como *sir* Tomás Moro, por el que yo siento un gran respeto, no han considerado siempre la doctrina de Lutero como un pensamiento tenebroso, sino como un pensamiento anhelante. Yo dudo que se pueda hacer, sobre este asunto, una diferencia entre el protestantismo y otras formas de cristianismo. Me resulta muy difícil responder la pregunta acerca de si el protestantismo es tenebroso y produce pesimismo, ya que no he vivido nunca en una sociedad completamente no cristiana ni en una sociedad totalmente cristiana, y yo no existía en el siglo XVI, época de la que he adquirido conocimientos únicamente leyendo libros. Creo que en todas las épocas hay aproximadamente la misma cantidad de alegría y tristeza. Así lo muestran la poesía, la novela, las cartas, etc., de cada época. Pero, repito, desconozco realmente la respuesta. No estaba allí.

PREGUNTA 8: ¿Es verdad que los cristianos tienen que estar dispuestos a vivir una vida de incomodidad y abnegación para reunir los requisitos y alcanzar «el pastel del Cielo»?

LEWIS: Todos los hombres, cristianos o no cristianos, tienen que estar preparados para una vida de incomodidad. Es imposible aceptar el cristianismo por comodidad, pero el cristiano trata de abrirse a la voluntad de Dios, hacer lo que Dios quiere que haga. De antemano no sabemos si Dios nos va a asignar algo difícil y doloroso, o algo que nos gustará mucho; y hay gente de carácter heroico que se siente decepcionada cuando la tarea que le ha tocado en el reparto resulta realmente amable. Pero hemos de estar preparados para las cosas desagradables y las incomodidades, y no me refiero solo a ayunar y cosas así. Es algo distinto. Cuando instruimos a los soldados en unas maniobras, practicamos con munición de fogueo porque nos gusta que tengan práctica antes de enfrentarse con el enemigo de verdad. De igual modo, debemos tener práctica en privarnos de placeres que en sí mismos no son malos. Si no nos privamos del placer, no estaremos preparados cuando llegue la ocasión. Es sencillamente cuestión de práctica.

VOZ: ¿No se ha tomado determinadas prácticas, como el ayuno y la abnegación, de religiones anteriores o más primitivas?

LEWIS: No puedo decir con seguridad cuánto entró en el cristianismo procedente de religiones anteriores. Desde luego, una gran cantidad. A mí me resultaría difícil creer en el cristianismo si no fuera así. Yo no podría creer que novecientas noventa y nueve religiones fueran completamente falsas y que solo la restante fuera verdadera. La verdad es que el cristianismo es originalmente el cumplimiento de la religión judía, pero también la realización de lo mejor que estaba insinuado en las demás religiones. El cristianismo enfoca lo que todas vieron vagamente, de la misma forma que el mismo Dios entra en el foco de la historia haciéndose hombre.

Supongo que las observaciones del interrogador acerca de las religiones anteriores se basan en evidencias obtenidas de los salvajes de nuestros días. Yo no creo que esa sea una buena evidencia. Los salvajes de nuestros días representan por lo general cierta declinación de la cultura. Si lo observamos, descubriremos que hacen cosas que parecen indicar que en el pasado tuvieron una base indudablemente civilizada, que han olvidado. Es falso suponer que el hombre primitivo era igual que el salvaje de nuestros días.

VOZ: ¿Podría ampliar su respuesta acerca de cómo descubrir si una tarea es impuesta por Dios o llega a nosotros de otro modo? Si no podemos distinguir entre cosas agradables y desagradables, la cuestión resulta complicada.

LEWIS: Los hombres nos guiamos por las reglas normales de la conducta moral, que, creo, son más o menos comunes al género humano, totalmente razonables y exigidas por las circunstancias. No me estoy refiriendo a cosas como sentarse y esperar una visión sobrenatural.

VOZ: No es por la práctica por lo que nos capacitamos para el cielo, sino que la salvación se logra en la Cruz. Nosotros no hacemos nada para alcanzarla, salvo seguir a Cristo.

LEWIS: La controversia acerca de la fe y las obras ha durado mucho tiempo, y es un asunto extraordinariamente técnico. Personalmente confío en este texto paradójico: «Procurad vuestra salvación [...] porque Dios es el que en vosotros opera...».[1] En un sentido parece que no hacemos nada, y en otro que hacemos una enormidad. «Procurad vuestra salvación con temor y temblor»,[2] pero debéis tenerla en vosotros antes de trabajar por ella. No deseo insistir más en ello, ya que no interesaría a nadie salvo a los cristianos presentes, ¿me equivoco?

PREGUNTA 9: ¿Podría la aplicación de normas cristianas acabar con, o reducir considerablemente, el progreso material y científico? Dicho de otro modo, ¿es malo para un cristiano ser ambicioso y esforzarse por lograr el éxito personal?

LEWIS: Es más fácil considerar un ejemplo sencillo. ¿Cómo influiría la aplicación del cristianismo en alguien que se hallara en una isla desierta? ¿Sería menos probable que construyera una cabaña cómoda? La respuesta es «no». Podría llegar un momento, sin duda, en que el cristianismo le dijera que se preocupara menos de la cabaña, o sea, si corriera el peligro de llegar a pensar que la cabaña era lo más importante del universo. Pero no hay la menor evidencia de que el cristianismo le impidiera construirla.

¡Ambición! Hemos de tener cuidado con lo que queremos decir con esa palabra. Si significa adelantarse a los demás —que es lo que yo creo que significa—, es mala. Si significa exclusivamente deseo de hacer bien las cosas, entonces es buena. No es malo que un actor quiera representar su papel tan bien como sea posible, pero el deseo de que su nombre aparezca en letras mayores que el de los demás actores sí lo es.

VOZ: Está muy bien ser un general, pero si alguien ambiciona ser general, ¿no debería tratar de serlo?

LEWIS: El simple hecho de ser general no es ni malo ni bueno en sí mismo. Lo que importa moralmente es nuestra actitud hacia él. Un hombre puede pensar en ganar una guerra, y puede querer ser general porque crea sinceramente que tiene un buen plan, y se alegra de la oportunidad para llevarlo a cabo. Todo esto es correcto. Pero si piensa: «¿Qué puedo sacar de mi posición?» o «¿Cómo puedo aparecer en la primera plana de *Illustrated News*?», entonces está mal. Lo que llamamos «ambición» significa generalmente el deseo de ser más conspicuos o tener más éxito que los demás. Lo malo ahí es el elemento competitivo. Es totalmente razonable querer bailar bien o tener aspecto agradable. Pero cuando el deseo dominante es bailar mejor que los otros o tener mejor aspecto que ellos —cuando comenzamos a sentir que si los demás bailaran tan bien como nosotros o tuvieran un aspecto tan bueno como el nuestro, se acabaría la alegría que nos produce bailar bien y tener un buen aspecto—, nos equivocamos.

VOZ: Me gustaría saber hasta qué punto podemos imputar a la labor del diablo esos deseos legítimos a los que nos abandonamos. Hay gente que tiene una concepción muy sensible de la presencia del diablo. Otra gente, no. ¿Es tan real el demonio como pensamos que es? A algunas personas este hecho no les inquieta, pues no desean ser buenos, pero otros están continuamente acosados por el Jefe.

LEWIS: En ningún credo cristiano figura una alusión al diablo o a los diablos, y es perfectamente posible ser cristiano sin creer en ellos. Yo sí creo que existen seres semejantes, pero eso es asunto mío. Suponiendo que existan semejantes seres, el grado en que los hombres son conscientes de su presencia probablemente varía mucho. Quiero decir que cuanto más esté un hombre en poder del diablo, tanto menos consciente será de ello, por la misma razón que un hombre percibe que se está emborrachando cuando todavía está medianamente sobrio. La persona que está más despierta e intenta con ahínco ser buena será la que más conciencia tenga de la existencia del diablo.

Cuando comenzamos a armarnos contra Hitler, es cuando nos damos cuenta de que nuestro país está lleno de agentes nazis, aunque, naturalmente, ellos no quieren que lo sepamos. De igual modo, el diablo tampoco quiere que creamos en el diablo. Si existen diablos, su primer objetivo es darnos un anestésico: hacer que bajemos la guardia.

VOZ: ¿Retrasa el cristianismo el progreso científico, o aprueba a quienes ayudan espiritualmente a los que están en el camino de la perdición, eliminando científicamente las causas externas del problema?

LEWIS: Sí. En abstracto es ciertamente así. En un momento determinado, si la mayor parte de los seres humanos se concentra exclusivamente en la mejora material de las condiciones exteriores, puede ser deber del cristiano advertir (y con bastante fuerza) que eso no es lo único que importa. Pero, como regla general, el conocimiento y lo que pueda ayudar al género humano, del modo que sea, nos favorece a todos.

PREGUNTA 10: La Biblia fue escrita hace miles de años para gente en un estado de desarrollo intelectual inferior al nuestro. Muchas partes parecen absurdas a la luz del conocimiento moderno. De acuerdo con esto, ¿no debería la Biblia ser escrita de nuevo con objeto de desechar lo ficticio y reinterpretar el resto?

LEWIS: Ante todo me ocuparé de la idea de que la gente se hallaba en un estado inferior de desarrollo intelectual. No estoy seguro de lo que se oculta detrás de esa afirmación. Si quiere decir que la gente de hace miles de años no conocía buena parte de las cosas que nosotros conocemos, estoy, efectivamente, de acuerdo. Pero si quiere decir que en nuestro tiempo ha habido un progreso en *inteligencia*, creo que no hay ninguna evidencia de algo semejante.

La Biblia se puede dividir en dos partes: el Antiguo y el Nuevo Testamento. El Antiguo Testamento contiene elementos imaginarios. El Nuevo Testamento es principalmente enseñanza, no narración, y, cuando es narración, se trata, a mi juicio, de una narración histórica. Por lo que respecta al elemento imaginario del Antiguo Testamento, dudo mucho que sepamos lo suficiente para descubrirlo. Lo que comprendemos es algo que *queda enfocado gradualmente*. En primer lugar captamos, diseminado por las religiones paganas del mundo, pero aún de forma vaga y mítica, la idea de un dios que es muerto y quebrantado, y luego vuelve a cobrar vida. Ninguna sabe dónde se supone que vivió y murió. No es histórico.

Después leemos el Antiguo Testamento. Las ideas religiosas están algo más enfocadas. Ahora todo está conectado con una nación particular, y, conforme avanza, las cosas están más enfocadas todavía. Jonás y la ballena,[3] Noé y su arca[4] son legendarios, pero la historia de la corte del rey David[5] es probablemente tan digna de confianza como la de Luis XIV.

Luego, en el Nuevo Testamento, *todo ocurre realmente*. El Dios agonizante aparece como Persona histórica, viviendo en un tiempo y un lugar determinados. Si *pudiéramos* seleccionar los elementos imaginarios y separarlos de los históricos, creo que perderíamos una parte esencial del proceso completo. Esa es mi opinión.

PREGUNTA 11: ¿Cuál de las religiones del mundo da a sus seguidores la mayor felicidad?

LEWIS: ¿Que cuál de las religiones del mundo da a sus seguidores la mayor felicidad? Mientras dura, la religión de adorarse a uno mismo es la mejor.

Conozco a una persona mayor de edad, de unos ochenta años, que ha vivido una vida de egoísmo y vanidad ininterrumpidos desde los primeros años, y es más o menos —siento decirlo— uno de los hombres más felices que conozco. ¡Desde el punto de vista moral es muy difícil! No estoy abordando la cuestión desde este ángulo. Como ustedes tal vez sepan, yo no he sido siempre cristiano; pero no acudí a la religión para que me hiciera sentirme feliz. Siempre había sabido que eso podría hacerlo una botella de Oporto.

Si ustedes quieren una religión que les haga sentirse realmente cómodos, yo no les recomiendo ciertamente el cristianismo. Estoy seguro de que en el mercado debe haber un artículo de patente americana que les satisfará mucho más, pero yo no puedo dar ningún consejo al respecto.

PREGUNTA 12: ¿Hay algún signo exterior inconfundible en la persona entregada a Dios? ¿Podría ser arisca? ¿Podría fumar?

LEWIS: Me acuerdo de los anuncios de «Sonrisas blancas», una pasta de dientes, que dicen que es la mejor del mercado. Si fueran verdad, resultaría lo siguiente:

(1) Quien comienza a usarla tendrá mejor los dientes.

(2) Quien la usa tiene mejores dientes que si no la usara.

Podemos probarla en el caso de alguien que tenga unos dientes malos y la usa, y comparamos con los de un negro sano que jamás ha usado pasta de dientes.

Pongamos el caso de una solterona malhumorada, que es cristiana, pero avinagrada. Por otro lado, un individuo agradable y popular, pero que no ha ido nunca a la iglesia. ¿Quién sabe cuánto más avinagrada sería la solterona si *no* fuera cristiana y cuanto más simpático el amable individuo si *fuera* cristiano? No se puede juzgar el cristianismo comparando simplemente el *resultado* en estas dos personas. Haría falta saber sobre qué clase de materia prima está actuando Cristo en ambos casos.

Como ilustración, pongamos otro ejemplo de la industria. Supongamos que hay dos fábricas: la fábrica A con un equipo pobre e inadecuado, y la fábrica B con un equipo moderno de primera clase.

No podemos juzgar por rasgos exteriores. Es preciso considerar el equipo y los métodos con los que están organizadas. Y así, al considerar el equipo de la fábrica A, es sorprendente el simple hecho de que funcione, y, al considerar la nueva maquinaria de la fábrica B, puede ser sorprendente que no funcione mejor.

PREGUNTA 13: ¿Cuál es su opinión acerca de las rifas dentro de la fábrica, dejando al margen lo buena que pueda ser la causa, causa a la que se le suele dar menos importancia que a la atractiva lista de premios?

LEWIS: El juego no debe ser nunca una parte importante de la vida de un hombre; es una forma de transferir grandes sumas de dinero de una persona a otra sin hacer nada provechoso (crear empleo, plusvalía, etc.). Es, pues, una mala cosa. Si se hace en pequeña escala, no estoy seguro de que sea malo. Pero no sé mucho de este asunto, pues se trata del único vicio por el que jamás me he sentido tentado, y creo que es arriesgado hablar de cosas que no forman parte del propio modo de ser, pues no se entienden. Si alguien viniera a mí a pedirme que jugara dinero al *bridge*, le diría: «¿Cuánto espera ganar? Tómelo y márchese».

PREGUNTA 14: Mucha gente es completamente incapaz de entender las diferencias teológicas que han causado las divisiones entre los cristianos. ¿Considera que estas diferencias son esenciales? ¿No ha llegado el momento de la *reunión*?

LEWIS: Para la reunión el momento ha llegado siempre. Las divisiones entre los cristianos son un pecado y un escándalo, y los cristianos de todas las épocas deben contribuir a la reunión, al menos con sus oraciones. Yo soy solo un seglar y un cristiano reciente, y no sé mucho sobre esta cuestión, pero en todo lo que he escrito y sobre lo que he pensado, me he aferrado siempre a las posiciones dogmáticas tradicionales. Como resultado, recibo cartas de conformidad de cristianos que se consideran habitualmente muy distintos. Por ejemplo, de jesuitas, de monjes, de monjas, y también de cuáqueros, de disidentes galeses, etc.

Me parece que los elementos «extremos» de cada Iglesia están más cerca el uno del otro, y que los liberales y «tolerantes» de cada comunidad no se podrán unir de ningún modo. El mundo del cristianismo dogmático es un lugar en que miles de personas de muy diversos tipos siguen diciendo lo mismo; y el mundo de la «tolerancia» y la religión «aguada» es un mundo en el que un pequeño número de personas (todas de la misma clase) dicen cosas totalmente distintas, y cambian de opinión cada pocos minutos. Nunca vendrá de ellos la reunión.

PREGUNTA 15: La Iglesia ha utilizado en el pasado diferentes formas de coacción al tratar de obligar a aceptar un tipo particular de cristianismo en la comunidad. ¿No existe el peligro, si se da el poder necesario, de que ocurra de nuevo algo parecido?

LEWIS: Sí. La persecución es un peligro al que están expuestos todos los hombres. Y tengo una postal firmada con las siglas «M. D.», en la que se dice que alguien que exprese y publique su creencia en el parto virginal de María debería ser desnudado y azotado. Esto muestra lo fácil que es que pueda volver la persecución de los cristianos por parte de los no cristianos. Ellos no lo llamarían naturalmente persecución. Lo llamarían «reeducación obligatoria de los ideológicamente no aptos», o algo parecido.

Pero tengo que admitir, por supuesto, que los propios cristianos han sido perseguidores en el pasado. El que ellos lo hicieran fue peor, pues *ellos* deberían haber conocido mejor las cosas; ellos fueron peores en cierto modo. Detesto cualquier clase de coacción religiosa, y hace apenas unos días escribía una enfadada carta a *The Spectator* acerca de los desfiles de la Iglesia en el Cuerpo de Guardia.

PREGUNTA 16: ¿Es necesario para la forma cristiana de vida asistir a un lugar de culto o ser miembro de una comunidad?

LEWIS: Esa es una pregunta que no puedo responder. Mi propia experiencia es que, cuando me convertí al cristianismo, hace unos catorce años, pensaba que podría hacerlo por mi propia cuenta, retirándome a mi habitación y estudiando teología, y que no iría a la iglesia ni a las sesiones evangelizadoras. Más tarde descubrí que ir era el único modo de tener izada la bandera, y descubrí naturalmente que esto significaba ser un blanco. Es extraordinario lo molesto que se le hace a nuestra familia que nos levantemos temprano para ir a la iglesia. No importa que nos levantemos temprano para cualquier otra cosa, pero si lo hacemos para ir a la iglesia, es algo egoísta por nuestra parte, y perturbamos el hogar.

Si hay algo en la enseñanza del Nuevo Testamento que se parece a una orden es que estamos obligados a recibir la comunión,[6] y no podemos hacerlo sin ir a la iglesia. A mí, al principio, me disgustaban mucho sus himnos, que consideraba poemas de quinta categoría adaptados a una música de sexta categoría. Pero, a medida que seguí yendo, comprendí el gran valor que tenían: me acercaba a gente distinta con otros puntos de vista y una educación diferente; y así, poco a poco, mi presunción comenzó a desprenderse. Me di cuenta de que los himnos (que eran música de sexta categoría) eran cantados con devoción y provecho por un anciano santo con botas elásticas, sentado en el banco de enfrente, y eso me hizo comprender que yo no era digno de limpiarle las botas. Cosas así nos libran de nuestra presunción de solitarios. No dice mucho de mí el hecho de que guarde las leyes, ya que soy solamente un seglar, y no sé demasiado.

PREGUNTA 17: ¿Es verdad que para encontrar a Dios solo hace falta amarlo con suficiente fuerza? ¿Cómo puedo amarle lo bastante para ser capaz de encontrarlo?

LEWIS: Si no ama a Dios, ¿por qué desea tan vivamente querer amarlo? Yo creo verdaderamente que la necesidad es real, y me atrevería a decir que la persona que la siente ya ha encontrado a Dios, aunque todavía no lo haya reconocido completamente. No siempre nos damos cuenta de las cosas en el momento en que ocurren. En cualquier caso, lo importante es que Dios ha encontrado a esta persona, eso es lo esencial.

1. Mateo 19:23; Marcos 10:23; Lucas 18:24.

2. Filipenses 2:12.

3. Ibíd.

4. El libro de Jonás.

5. Génesis, capítulos 6—8.

6. 2 Samuel, cap. 2—1 Reyes, cap. 2.

7. Juan 6:53-54: «Si no coméis la carne del Hijo del Hombre, y bebéis su sangre, no tenéis vida en vosotros. El que come mi carne y bebe mi sangre, tiene vida eterna; y yo le resucitaré en el último día».

FUENTES

Christian Reflections, Eerdmans; *ebook*, HarperOne.
- «Sobre las dudas y el don de la fe» pertenece al capítulo titulado «Religion: Reality or Substitute?»

Dios en el banquillo, RIALP.
- «Sobre los peligros de señalar los defectos de los demás» pertenece al capítulo titulado «El problema del señor "X"».
- «Sobre no sentirse amenazado cuando el cristianismo se mantiene sin cambios mientras la ciencia y el conocimiento progresan» pertenece al capítulo titulado «El dogma y el universo».

Lo eterno sin disimulo, RIALP.
- «Sobre cuestiones prácticas acerca de ser cristiano hoy» pertenece al capítulo titulado «Respuestas a preguntas sobre el cristianismo».

God in the Dock: Essays on Theology and Ethics, Eerdmans; *ebook*, HarperOne.

- «Sobre negarse a sí mismo y amarse a uno mismo a la vez» pertenece al capítulo titulado «Two Ways with the Self».

- «Sobre el atractivo y los retos de la vida en el hogar» pertenece al capítulo titulado «The Sermon and the Lunch».

Mero cristianismo, Rayo.

- «Sobre llevar a cabo tu salvación» pertenece al capítulo titulado «Fe».

- «Sobre cómo difundimos la vida de Cristo en nuestro interior» pertenece al capítulo titulado «La conclusión práctica».

- «Sobre la importancia de practicar la caridad» pertenece al capítulo titulado «Caridad».

El peso de la gloria, HarperCollins Español.

- «Sobre preocuparse por algo más que por la salvación de las almas» pertenece al capítulo titulado «Aprender en tiempos de guerra».

- «Sobre el perdón como práctica necesaria» pertenece al capítulo titulado «Sobre el perdón».

- «Sobre el arte cristiano de alcanzar la gloria» pertenece al capítulo titulado «El peso de la gloria».

- «Sobre lo que significa ser parte del Cuerpo de Cristo» pertenece al capítulo titulado «Membresía».

Present Concerns: Journalistic Essays, HarperOne.
- «Sobre lo que significa decir: "Vivir es Cristo"» pertenece al capítulo titulado «Three Kinds of Men».

The World's Last Night and Other Essays, HarperOne.
- «Sobre vivir hoy mientras se espera la Segunda Venida mañana» pertenece al capítulo titulado «The World's Last Night».